प[illegible]

दाम्पत्य जीवन मधुर बनाए रखने हेतु उपयोगी पुस्तक

चित्रा गर्ग

वी एण्ड एस पब्लिशर्स

प्रकाशक

वी एण्ड एस पब्लिशर्स

F-2/16, अंसारी रोड, दरियागंज, नयी दिल्ली-110002
☎ 23240026, 23240027 • फैक्स: 011A23240028
EAmail: info@vspublishers.com • *Website:* www.vspublishers.com

क्षेत्रीय कार्यालय : हैदराबाद
5-1-707/1, ब्रिज भवन (सेन्ट्रल बैंक ऑफ इण्डिया लेन के पास)
बैंक स्ट्रीट, कोटी, हैदराबाद-500 095
☎ 040-24737290
E-mail: vspublishershyd@gmail.com

शाखा : मुम्बई
जयवंत इंडस्ट्रिअल इस्टेट, 2nd फ्लोर - 222,
तारदेव रोड अपोजिट सोबो सेन्ट्रल मॉल, मुम्बई - 400 034
☎ 022-23510736
E-mail: vspublishersmum@gmail.com

फ़ॉलो करें:

हमारी सभी पुस्तकें **www.vspublishers.com** पर उपलब्ध हैं

© **कॉपीराइट:** वी एण्ड एस पब्लिशर्स

संस्करण: 2017

भारतीय कॉपीराइट एक्ट के अन्तर्गत इस पुस्तक के तथा इसमें समाहित सारी सामग्री (रेखा व छायाचित्रों सहित) के सर्वाधिकार प्रकाशक के पास सुरक्षित हैं। इसलिए कोई भी सज्जन इस पुस्तक का नाम, टाइटल डिजाइन, अन्दर का मैटर व चित्र आदि आंशिक या पूर्ण रूप से तोड़-मरोड़ कर एवं किसी भी भाषा में छापने व प्रकाशित करने का साहस न करें, अन्यथा कानूनी तौर पर वे हर्जे-खर्चे व हानि के जिम्मेदार होंगे।

मुद्रक: **रेप्रो नॉलेजकास्ट लिमीटेड, ठाणे**

प्रकाशकीय

वी एण्ड एस पब्लिशर्स पिछले अनेक वर्षों से जनहित एवं आत्मविकास सम्बन्धी पुस्तकें प्रकाशित करते आ रहे हैं। पुस्तक प्रकाशन की अगली कड़ी में हमने 'पति-पत्नी' पुस्तक प्रकाशित किया है।

प्रस्तुत प्रुस्तक में 'पति-पत्नी' के रिश्ते को खुशहाल बनाए रखने के लिए कई महत्त्वपूर्ण सुझाव एवं टिप्स दिए गए हैं। यदि किसी के जीवन में जीवन साथी को लेकर कोई भ्रम है या कटुता आई है तो वे इसमें दिए गए तौर-तरीकों को अपनाकर अपने प्यार की खोई हुई रौनक वापस ला सकते हैं। वैसे भी किसी सम्बन्ध में यदि शिथिलता आ जाए, तो उसे मजबूत करना कठिन हो जाता है। इसलिए बेहतर यही है कि सम्बन्धों में मजबूती व निरंतरता बनाए रखी जाए। किसी भी रिश्ते में जुड़ना तो आसान है मगर इससे अधिक महत्त्वपूर्ण है उसे अच्छी तरह निभाना। इस पुस्तक में रिश्तों को मधुर बनाए रखने तथा उसे सहजता से निभाने के लिए आसान एवं सहज सुझाव भी दिए गए हैं। हमेशा की तरह सम्पूर्ण पुस्तक की भाषा सरल व सुगम है।

हम आशा करते हैं कि प्रस्तुत पुस्तक हमारे सभी पाठक/पाठिकाओं को अवश्य पसंद आएगी। पुस्तक में पायी गई किसी त्रुटि या किसी अन्य सुझाव के लिए आपके पत्र हमारे पते पर सादर आमंत्रित हैं।

विषय-सूची

जीवन–सफर को सुहाना बनाएं 7
पति–पत्नी के बीच एक प्याली चाय का मज़ा 15
पति को दीवाना बनाए रखें 17
पत्नी को श्रेय देना कितना महत्वपूर्ण 22
जरूरी है पत्नी को समय देना 25
बेइज्जती न कीजिए अपनी पत्नी की 28
पति–पत्नी के बीच बेहूदा मज़ाक ठीक नहीं 31
जब कोई बात बिगड़ जाए 34
स्त्री ही दोषी क्यों 37
पति के मन में शक की दीवार न उठने दें 41
पति की सेक्रेटरी पत्नी के शक की धुरी 47
क्या करें विवाह पूर्व के प्रेमी से मिलने पर 53
विवाहेतर संबंधों में सुख की तलाश कितनी उचित 59

जीवन के सफ़र को सुहाना बनाएं

पत्नियों की अकसर शिकायत रहती है कि पति शाम को घर आने के पश्चात् भी अपने खयालों में खोए रहते हैं अथवा पहले जैसे रोमांटिक नहीं रहे। ऐसे में यदि पत्नियां कोई बात या शिकायत अपने पति से करती हैं, तो वे उसे अनसुनी कर देते हैं। विवाह के कुछ वर्ष पश्चात् ही प्रायः पति-पत्नी के रिश्तों में ऐसी नीरसता आने लगती है। कहीं-कहीं यह नीरसता कटुता का रूप भी धारण कर लेती है। रिश्तों की ये दूरियां अकसर बढ़ती ही जाती हैं। पत्नियां यदि आरंभ से ही कुछ बातों का ध्यान रखें, तो रिश्तों में गर्माहट बनी रह सकती है। रिश्ते बनाना आसान होता है, लेकिन रिश्ते निभाना मुश्किल है और रिश्तों की गर्माहट बनाए रखना और भी मुश्किल है। उससे अधिक सरल कार्य होता है रिश्तों को तोड़ना। रिश्ते टूटने में जरा भी वक्त नहीं लगता, लेकिन यहां हमारा उद्देश्य रिश्तों को जोड़ना है, उसमें मज़बूती और निरंतरता बनाए रखना है। तमाम तरह के रिश्तेदारों के बीच रहते एक लम्बा सफर तय करना होता है। सफर सुखद एवं मंगलमय हो, यही कामना बनाए रखना ज़रूरी है।

हमारे समाज में चाहे कितने ही बदलाव आ जाएं, लोग कितने ही आधुनिक हो जाएं, लेकिन पति-पत्नी के लंबे व सुखी वैवाहिक जीवन का अपना ही महत्त्व है। वास्तविकता भी यही है कि सदैव जीवन साथी बन कर रहने जैसा सुख संसार में कोई दूसरा नहीं। किसी भी स्त्री को अपने पति के साथ अधिक मान-सम्मान और आत्मिक संतुष्टि मिलती है।

जीवन का सच्चा सुख पति-पत्नी के अटूट संबंधों पर निर्भर करता है। घनिष्ठ प्रेम संबंधों का आनंद ही निराला है, जो अपने पति को अपना बनाए रखने में है। यदि आप कुछ खास बातों का ध्यान रखें, तो आपके प्यार में जादू-सा असर होगा और रिश्तों की गर्माहट सदैव महसूस होगी।

पति की आदतों को पहचानें व उनसे एक राय हों

सबसे प्रथम और महत्त्वपूर्ण बात है पति की आदतों को पहचानना। उन्हें क्या पसंद है, क्या नापसंद है, इस बात का पत्नी को सदैव खयाल रखना चाहिए। यदि पति-पत्नी की किसी बात पर एक राय न हो, तो बहस नहीं करना चाहिए। यदि पति किसी ऐसी बात पर अपनी जिद पूरी करना चाहता है, जिसके कोई तात्कालिक या दूरगामी परिणाम आपके सामाजिक सम्मान और बच्चों के भविष्य पर गलत प्रभाव नहीं डाल रहे हों, तो बहस या जिद करने का कोई लाभ नहीं।

पत्नी को यह बात सदैव ध्यान रखना चाहिए कि सुखी पत्नी वही होती है, जो पति की राय-से-राय मिलाकर चलती है। उनका परिवार सुखी परिवार कहलाता है, क्योंकि बच्चे भी उसी प्रकार की भावनाओं को अपनाते हैं। प्राकृतिक रूप से सभी पुरुषों का भावावेश तीव्र होता है और उसकी अभिव्यक्ति की इच्छा भी। इसका मूल कारण प्रायः सभी पुरुषों में अहम (इगो) की भावना का प्रधान होना है। इसी कारण वे अपनी बात सदैव ऊपर रखना चाहते हैं। ऐसे में यह समझना कि महिलाओं की कोई इज्जत नहीं, कोई इच्छा या मरजी नहीं होती, सर्वथा गलत है। क्योंकि पुरुषों में भावावेश जितना तीव्र होता है, उतना ही जल्द

शांत भी हो जाता है। आपने स्वयं देखा होगा कि यदि स्त्री अपने पति की इच्छानुसार कार्य करती है, तो पति अपनी पत्नी का बहुत खयाल रखते हैं और कुछ पुरुष तो पत्नियों के इतने कायल हो जाते हैं कि पत्नी की हर इच्छा का सम्मान करके पूरा करने का प्रयास करते हैं। महत्त्वपूर्ण बात यह है कि दूसरे की इच्छा पूर्ति की पहल पहले स्त्री को ही करनी पड़ती है। वह पति को खुश रखकर अपनी हर बात मनवा सकती है।

अच्छी पत्नी अच्छी श्रोता

किसी भी पत्नी के लिए यह अत्यंत महत्त्वपूर्ण है कि वह एक अच्छी श्रोता बने, अर्थात् पति की बातों में टोका-टाकी किए बिना पति की बात को ध्यान से सुने। यदि पत्नी को कोई बात गलत लगे या अपनी बात कहनी हो, तो पति की बात पूरी होने पर कहने का प्रयास करे। अधिकांश पति यही चाहते हैं कि पत्नी उनकी बात को इतनी अहमियत दे कि वे जैसा कहें, पत्नी वैसा ही माने। ऐसे में इसका यह तात्पर्य नहीं है कि पत्नी, पति की बातें सुनते समय बिलकुल ज़बान सिल ले और चुपचाप ही बैठी रहे। कहने का तात्पर्य है कि पत्नी को अपने तर्कों द्वारा पति पर हावी होने का प्रयास नहीं करना चाहिए। पति की बात को धैर्य पूर्वक सुनने का प्रयास करना चाहिए, उस बातचीत की प्रक्रिया में पत्नी को पूरी तरह शामिल रहना चाहिए, लेकिन बहुत अधिक बोलकर पति का मूड खराब नहीं करना चाहिए। पति को अधिक बोलने का मौका देकर स्वयं उसकी बात सुनने का प्रयास करना चाहिए, जिससे उसके भावावेश की अभिव्यक्ति शांत हो सके। ऐसे पतियों के हृदय में भावावेश के शांत होते ही जो दूसरा भाव उमड़ता है, वह निश्चित ही तीव्र प्रेम होता है।

लेकिन यदि पति अधिक बोलना पसंद करता है, तो उसके साथ विभिन्न विषयों पर चर्चा करना पत्नी के लिए अच्छा रहता है। विभिन्न सामयिक, सामाजिक, राजनीतिक, फिल्मी, टीवी विषयों पर चर्चा की जा सकती है। इसके लिए पत्नी को विभिन्न विषयों की जानकारी होनी आवश्यक है। यदि पत्नी पढ़ी-लिखी है, तो पत्र-पत्रिकाओं, टीवी व समाचार पत्रों के माध्यम से सभी आधुनिक विषयों की जानकारी आसानी से रखी जा सकती है। किन्तु यदि आप इतनी जानकारी नहीं रखतीं, तो वैचारिक समर्थन करके पति के मन को शांत कर सकती हैं। यदि पति कभी चिंतित या परेशान हो, तो उसके मन बहलाव के लिए किसी ऐसे विषय पर बात करने का प्रयास करना चाहिए, जिससे उसका ध्यान उस चिंता या समस्या से परे हट जाए।

बहस से बचें

यदि पति और पत्नी में कभी बहस की स्थिति आ जाए और बात बिगड़ने लगे, तो तुरंत बहस रोकने का इंतजाम करना चाहिए। पत्नी इसके लिए गैस पर दूध या सब्जी का बहाना बना कर हट सकती है। फ्रिज से कुछ लाने या पानी पीने जा सकती है, कुछ काम याद आने का बहाना बनाकर बात समाप्त कर सकती है। कुछ देर आप सामने से हटेंगी, तो शांति होगी और विस्फोटक स्थिति आने से बच जाएगी। बहस होती रही, तो झगड़े की नौबत आ सकती है। जहां तक हो पत्नी को ध्यान रखना चाहिए कि वह अपशब्दों का प्रयोग न करे। ऐसे शब्दों का प्रयोग पति को बुरी भाषा बोलने के लिए प्रेरित करेगा। कोई भी पति अपनी बात ऊपर रखना पसंद करता है। यदि कभी बहस या झगड़ा हो भी जाए, तो रात को सोने के पहले सुलह-सफाई अवश्य कर लेनी चाहिए, वरना रात-भर में तनाव और बढ़ जाएगा। फिर तनाव की स्थिति कई दिन तक चलती रहेगी। यदि किसी पार्टी में आपका पति आपसे अपशब्द बोलता है, तो वहीं बहस न करने लगें, कारण जानने का प्रयास करें, घर आकर शांति से बात करें।

पति की भावनाओं को समझें

पति की भावनाओं को सदैव समझने का प्रयास करना चाहिए, आपको अपने विभिन्न व्यक्तिगत व पारिवारिक विषयों पर चर्चा करके पति की राय जानते रहना चाहिए। इसके अतिरिक्त दैनिक दिनचर्या की महत्त्वपूर्ण बातों की जानकारी पति को अवश्य देनी चाहिए। इस प्रकार की चर्चा करते रहने से पत्नी को पति की इच्छा व सोच की सही जानकारी रह सकेगी और एक दूसरे का विश्वास तथा आत्मीयता मजबूत होगी।

धैर्य रखें व मनमुटाव से बचें

यदि किसी बात पर आपकी व आपके पति की अनबन हो जाए या पति को किसी छोटी-बड़ी बात पर क्रोध आ जाए, तो पत्नी को उस समय अत्यंत धैर्य के साथ शांत रहना चाहिए। यदि पति के क्रोध की अवस्था में पत्नी बहस करती है, तो बात बढ़ जाती है और झगड़े व कलह की नौबत आ जाती है। पत्नी को चाहिए कि शांत रहकर वातावरण को शांत बनाने का प्रयास करे। पति के क्रोध शांत होने के पश्चात् कुछ देर बाद ही सामान्य बातचीत शुरू कर दे, जैसे कि कुछ हुआ ही न हो। 50 प्रतिशत मामलों में ऐसा होता है कि पत्नी की गलती न हो, लेकिन

यदि ऐसी स्थिति हो और पति को क्रोध आ जाए, तो उस समय घर में शांति रखने के लिए पत्नी का चुप रहना ही अच्छा है। जब बाद में पति का मूड अच्छा या सामान्य हो, तब पति के सामने अपनी स्थिति स्पष्ट कर देनी चाहिए। ऐसे में कुछ पति अपनी पत्नी से जबरदस्ती यह कहलाने का प्रयास करते हैं कि गलती उसकी (पत्नी की) ही है। शांति बनाए रखने के लिए कभी-कभी यह स्वीकार कर लेना या चुप रहना ही श्रेयस्कर है कि हां मेरी ही गलती थी, बेशक गलती न हो। लड़ाई-झगड़े की स्थिति को भूलने का प्रयास करना ही श्रेष्ठ है। पति की कही बातों या मनमुटाव को मन में रखने से पत्नी के मन में भी क्रोध पैदा होता रहता है और कहीं-न-कहीं वह भावनाओं के रूप में फूट पड़ता है। पति से अच्छे संबंध बनाए रखने के लिए पति की गलतियों या गलत बातों को भूलना पत्नी के लिए सुखमय जीवन की शुरुआत हो सकती है। ध्यान रखें कि आपका एक-दो बार का ऐसा व्यवहार आपके पति को स्वयं उनकी गलती का अहसास करा देगा और फिर वे आपकी शांति को आपकी गलती मानने की भूल नहीं करेंगे।

पति की मां यानी सास का ध्यान रखें

पति का प्यार आपके प्रति सदैव बना रहे, इसके लिए पति का ध्यान रखने के अतिरिक्त पत्नी को उनकी मां का भी खूब ध्यान रखना चाहिए। पति का प्यार आपका अत्यंत व्यक्तिगत मामला है और उनकी मां से उनका अति नजदीकी व व्यक्तिगत रिश्ता है। इसलिए यदि पत्नी, पति की मां को खूब प्यार करती है, उनका मान-सम्मान करती है, तो पति की नजरों में पत्नी की इज्जत बढ़ जाती है। हर व्यक्ति अपनी मां को बेहद प्यार करता है। प्रायः पुरुष अपने इस प्यार को दर्शाना नहीं चाहते, परंतु मन के भीतर वे भी अपनी मां को उतना ही प्यार करते हैं, जितना एक स्त्री अपनी मां से करती है। अतः यदि पत्नी अपने पति का प्यार पाना चाहती है, तो उसे पति के साथ-साथ उसकी मां से भी प्यार करना चाहिए।

सास-बहू के रिश्तों में कडुवाहट का मुख्य कारण नारी मन की प्रेम पर एकाधिकार की भावना ही होती है। मां भी अंततः नारी ही है। वह चाहती है कि वह अपने पुत्र से जो प्रेम करती और पाती रही है, वह आगे भी मिलता रहे। शादी के बाद पति का ध्यान पत्नी की ओर झुक जाने के कारण इस भावना की पूर्ति में बाधा पड़ती है, और विरोध हो जाता है। आप यदि सास को प्रेम और सम्मान देती हैं, तो उनके मन में अपना प्यार छिनने की कुंठा नहीं पैदा होगी और वे आपसे सदैव

अच्छा व्यवहार करेंगी। अतः सास की भावनाओं को समझें। उन्हें पूरा सम्मान दें। परिवार में पति के छोटे भाई-बहनों से बड़प्पन का व्यवहार आपके प्रति पति का प्यार बढ़ा देगा। अतः बड़ों का सम्मान व छोटों को प्यार की कला सीखनी चाहिए।

सज-संवर कर आकर्षक बनी रहें

पति को सदैव अपना बनाए रखने के लिए सदैव आकर्षक बने रहने का प्रयास करें। अपने स्वास्थ्य व व्यक्तित्व का ध्यान रखते हुए पत्नी को चाहिए कि वह सदैव चुस्त व आकर्षक दिखाई दे। कभी पति परेशान व चिंताग्रस्त हो, तो पत्नी अपने व्यवहार; मधुर मुस्कान व आंखों के हाव-भाव से वातावरण का रुख बदलकर उसे हलका-फुलका बना सकती है। पति-पत्नी के संबंधों में पत्नी का आकर्षक व्यवहार व व्यक्तित्व अत्यंत महत्त्वपूर्ण भूमिका निभाता है। पुरुष स्वाभाविक रूप से पत्नी की ओर खिंचाव महसूस करके अपनी चिंता को भूल जाता है। यदि पति-पत्नी आधुनिक हों, तो पत्नी आधुनिक वस्त्र पहन कर पति को आकृष्ट कर सकती है। इस प्रकार पति, पत्नी से अधिक जुड़ाव महसूस करता है। उसे यह अहसास होता है कि पत्नी उसकी परेशानियों व चिंताओं को महसूस करती है, अतः वह पत्नी से प्रभावित होता रहता है।

पति को रोमांटिक बनने का मौका दें

कभी-कभी पति के साथ कैंडल लाइट डिनर पर जाने से पति का मूड बदल जाता है। उसने अरसे से आपके चेहरे को निहार कर आपकी आंखों में नहीं देखा होता है। ऐसा मौका आने पर पति रोमांटिक हो जाता है और आपके प्रति आकर्षित रहने लगता है। बदलाव के लिए रेस्टोरेंट या होटल के स्थान पर चांदनी में खुले स्थान पर सैर की जा सकती है।

पति की सलाहकार बनें

यदि पति किसी बात पर परेशान हो अथवा किसी स्थिति में कोई निर्णय न ले पा रहा हो, तो पत्नी को चाहिए कि यथा संभव अपनी सलाह देने का प्रयास करे। ऐसे में पत्नी को बहुत ही संतुलित व्यवहार अपनाना चाहिए, ताकि पति को ऐसा महसूस न हो कि पत्नी जरूरत से ज्यादा टांग अड़ा रही है। अतः पत्नी को पति के रुख के अनुसार पति के निर्णय में भागीदार बनने का प्रयास करना तो चाहिए, लेकिन इस बात का विशेष ध्यान रखना चाहिए कि जिस विषय पर निर्णय

लिया जा रहा है, वह यदि पत्नी या घर से संबंधित नहीं है और पति पत्नी से इस बारे में सलाह नहीं करना चाहता, तो वह उस विषय में अपनी अधिक रुचि न दिखाए।

पत्नी को चाहिए कि वह अपनी योग्यता, व्यवहार व क्रियाकलाप द्वारा अपने पति को इतना प्रभावित कर ले कि पति स्वयं ही अपनी गतिविधियों व क्रियाकलापों की जानकारी पत्नी को देता रहे। उससे विचार-विमर्श करने को उत्सुक रहे। उसे लगे कि पत्नी की योग्यता उसके निर्णय लेने में सहायक है या फिर पत्नी का रूप और स्वभाव उसे चिंता से मुक्त करने में सहायक है, तो ऐसी स्थिति में पति का अन्य स्त्रियों या मित्रों की अपेक्षा पत्नी को महत्त्व देना स्वाभाविक ही होगा।

पति की आंखों में आंखें डाल कर बातें करें

यदि आप अपने पति के साथ घूमने जाती हैं, किसी पार्टी में जाती हैं, बाजार जाती हैं अथवा किसी बैंक या कार्यालय में जाती हैं, तो ध्यान रखिए कि कभी-कभी पति की आंखों में आंखें डालकर बातें करें। इससे दोनों के बीच संबंध प्रगाढ़ होते हैं और एक दूसरे के प्रति खिंचाव व आकर्षण बना रहता है। यूं भी पति के साथ संबंधों में प्रगाढ़ता बनाए रखने के लिए कभी-कभी पारस्परिक संबंधों व सेक्स पर घर में फुरसत में बातचीत करनी चाहिए।

पति ही आपका सच्चा मित्र

पति-पत्नी के संबंधों में निरंतरता बनाए रखने के लिए उनमें मित्रता के भाव जगाने चाहिए। विवाह के पूर्व लड़कों व लड़कियों के अपने मित्र व सहेलियां होती हैं। हर व्यक्ति के कुछ मित्र ऐसे होते हैं, जिन्हें वह अपने बेस्ट फ्रेंड का दर्जा देता है। बेस्ट फ्रेंड से व्यक्ति अपने दिल की हर बात कह सकता है। अपनी चिंता, परेशानी, खुशी, गम, ग्लानि अथवा व्यथा के भाव व्यक्ति अपने बेस्ट फ्रेंड से ही बांट सकता है। प्रायः विवाह के पश्चात् कुछ लोगों के बेस्ट फ्रेंड बदल जाते हैं तथा कुछ के वही रहते हैं। पत्नी को चाहिए कि पति को ही अपना बेस्ट फ्रेंड समझे।

पति के साथ मित्रता का भाव होने से पत्नी पति के साथ अपने विचारों का आदान-प्रदान व अपेक्षाओं का विवरण आसानी से कर सकती है। ऐसे में पति पत्नी में विश्वास की भावना बढ़ती है। यदि उनमें मित्रता का भाव बना रहता है, तो अपनेपन का भाव बढ़ता जाता है।

कुछ स्त्रियां अपने मन में यह धारणा पाले रखती हैं कि विवाह समाज में जुड़ी परंपराओं व आवश्यकताओं का नाम है। वे इसे मित्रता से नहीं जोड़ पातीं। ऐसे में स्त्रियां पति के अतिरिक्त किसी अन्य स्त्री या पुरुष में अपना दोस्त तलाशती हैं। प्रायः यह भ्रामक धारणा लोगों के मन में रहती है कि पति-पत्नी में मित्रता नहीं होती। अतः पारिवारिक विषयों के अतिरिक्त अन्य विषयों पर सलाह मशविरा वे अपने मित्रों से ही कर सकते हैं।

वास्तव में पति-पत्नी के बीच दोस्ताना संबंध उनमें साहचर्य को बढ़ाते हैं। उनके रिश्तों में निरंतरता बनी रहती है। यदि उनमें आपसी मित्रता की भावना न हो, तो रिश्तों की चाहत लंबे समय तक नहीं रह पाती। मित्रता की भावना होने से आप अपने पति की कमजोरियां जानते हुए भी उनसे बेहद प्यार करेंगी जैसे एक मित्र से करती हैं। पति-पत्नी की मित्रता दांपत्य को समृद्ध बनाती है और उनमें प्यार की अभिव्यक्ति बढ़ती ही जाती है। सामान्यतया यही देखा जाता है कि पति को बेस्ट फ्रेंड मान लेने से पति-पत्नी का वैवाहिक जीवन काफी सफल होता है।

गलतियों को नज़रअंदाज़ करें

पति की छोटी-मोटी गलतियों को नज़रअंदाज़ करने की आदत डालनी चाहिए। पत्नी को यह समझना चाहिए कि हर इनसान से गलतियां होती हैं। हर व्यक्ति में कुछ अच्छाइयां होती हैं और कुछ बुराइयां। अपने पति की अच्छी बातों की ओर ध्यान देना चाहिए। उनकी गलतियां ढूंढ़कर झगड़ा करने से परिवार में तनाव बढ़ता है। यदि पत्नी पति की गलतियों पर माथा-पच्ची नहीं करेगी, तो जल्दी ही भूल जाएगी। किंतु यदि इन पर माथा-पच्ची करती रही, तो उसे क्रोध आएगा। क्रोध की यह स्थिति प्रेम को तो समाप्त कर ही देगी, आपसी मन-मुटाव का भी कारण बन जाएगी। अतः छोटी-मोटी गलतियों को भूलकर पत्नी को पति की भावनाओं का ख्याल रखना चाहिए। उसे प्यार और सम्मान देना चाहिए। ध्यान रखें कि आत्मीयता पूर्ण व्यवहार, मुस्कराकर बस करने की कला आपके दांपत्य जीवन को स्वर्ग बना देगी।

इस प्रकार की अनेक छोटी-छोटी बातों को ध्यान में रखकर पत्नी सदैव पति का दिल जीत सकती है और पति के आकर्षण का केंद्र बनी रह सकती है।

पति-पत्नी के बीच एक प्याली चाय का मज़ा

आशीष अपने ऑफिस से थका-हारा लौटा, तो घर में घुसते ही उसने अपनी पत्नी को आवाज दी, 'नेहा आओ जरा चाय हो जाए।' नेहा आई और बोली ठीक है, मैं आपको चाय पिलाए देती हूं, आपको पता है कि मैं चाय तो पीती नहीं। आशीष बुझा-बुझा सा बोला, 'रहने दो क्या मजा आएगा अकेले चाय पीने में। मैं बहुत थका हुआ था।'

जिंदगी में ऐसा अकसर होता है कि पति-पत्नी के साथ कुछ पल बिताना चाहता है और उसके लिए बहाने खोजता है। पत्नी यदि पति की भावनाओं को समझती है, तो कभी-कभी इच्छा न होते हुए भी उसका साथ देती है।

दरअसल प्रातः की चाय हो या शाम की चाय, चाय की चुस्कियां लेते हुए पति को पत्नी का और पत्नी को पति का साथ खूब भाता है। इस बहाने पति-पत्नी दोनों ही एक दूसरे से साथ बैठ कर कुछ आराम के क्षण बिताते हैं।

इस भागदौड़-भरी जिंदगी में किसी के भी पास वक्त नहीं है। चाहे पुरुष हो या स्त्री हर किसी के पास कार्यों का ऐसा अंबार लगा रहता है कि जिंदगी में हरदम व्यस्तता बनी ही रहती है। ऐसे में चाय का एक प्याला चुस्ती और आराम के पल प्रदान करता है।

कनु को ही लें। वह एक बड़े दफ्तर में सीनियर ऑफीसर के पद पर कार्यरत है। पति के साथ-साथ वह भी सुबह ही घर से निकल जाती है और फिर शाम को थकी हारी घर वापस लौटती है। लेकिन सुबह-सुबह उसकी चुस्ती और जोश देखने लायक होता है। वह सुबह ट्रे में चाय लेकर चहकती हुई अपने पति को जगाने पहुंचती है, तो पति झट से चुस्त होकर उसे अपनी बाहों में भर लेता है। फिर पति-पत्नी साथ बैठकर चाय पीते हैं और गपशप करते हैं। पूरे दिन में उन दोनों को इतने फुर्शत के क्षण नहीं मिलते, जितने कि सुबह की चाय के वक्त

बिताया आधा घंटा। यह साथ बिताए क्षण दोनों में ही ताजगी और उमंग पैदा कर देते हैं।

इसी प्रकार छुट्टी का दिन हो या रिमझिम फुहारों का मौसम, पति-पत्नी का साथ बैठकर चाय पीने का अपना ही मजा है। दरअसल आज के युग में चाय मात्र एक चाय का प्याला ही नहीं, कुछ क्षण आराम से बैठने का भी नाम है।

अतः पत्नी को चाहे चाय का शौक हो या ना हो, यदि पति को चाय का शौक है, तो पत्नी को चाहिए कि वह पति के इस शौक में थोड़ा बहुत जरूर साथ दे। अधिक चाय पीने वाले पति की पत्नी को तो यह सोचकर खुश होना चाहिए कि उसका पति गलत चीजें पीने का आदी नहीं है। चाय ही पीता है। चाय पीने में कोई बुराई नहीं। पति यदि चाय के वक्त पत्नी का साथ चाहता है, तो अवश्य उसका साथ दें।

यदि ऐसा ही होता है, तो पति का जब भी पत्नी के साथ कुछ क्षण मस्ती के बिताने का मन होगा, तो वह झट से कहेगा, 'डियर जरा हो जाए एक प्याली चाय।'

पति को दीवाना बनाए रखें

जब किसी लड़के व लड़की का विवाह होता है और वे पति-पत्नी बनकर दांपत्य में प्रवेश करते हैं, तो उनमें एक दूसरे के लिए गजब का आकर्षण होता है। वे एक दूसरे का बहुत ध्यान रखते हैं। नव दंपती यदि बड़े परिवार के साथ रहते हैं, तो एक दूसरे को अकेला पाने का मौका ढूंढ़ते हैं। यह आकर्षण कुछ समय तक चरम अवस्था में रहता है। कुछ दंपतियों में यह आकर्षण वर्षों तक बना रहता है, जबकि कुछ दंपतियों के बीच यह दीवानगी साल-छह महीने में ही कम होने लगती है और फिर बच्चा होने तक समाप्त हो जाती है। परिणाम स्वरूप उसके पश्चात् की जिंदगी एक ढर्रेदार पति-पत्नी की होकर रह जाती है। जिसमें पति-पत्नी होने की जिम्मेदारियों का अहसास तो होता है, परंतु प्रेम और आकर्षण जैसे शब्द कहीं दूर चले गए होते हैं।

ऐसे में जिंदगी की गाड़ी, मात्र अपनी जिम्मेदारी पूरी करते हुए खिंचने लगती है और एक दूसरे के साथ बैठकर हंसने-बोलने का वक्त न तो पति के पास होता है और न ही पत्नी के पास। पति दफ्तर या व्यापार के कार्यों से थक कर घर लौटता है और पत्नी घर-गृहस्थी के कार्य करते व बच्चों की देखभाल करते समय बिता देती है।

यदि महिला अपने पति की दिनचर्या व अन्य बातों का खयाल रखे और अपने अतिरिक्त अपने पति के लिए भी समय निकालकर रखे, तो वह अपने पति को वर्षों तक दीवाना बनाए रख सकती है। इस दीवानगी में पहले जैसा प्यार और आकर्षण बना रहता है। महिला को पति के आकर्षण का केंद्र बने रहने के लिए कुछ विशेष बातों का ध्यान रखना चाहिए–

❏ पति जब घर आए, तो आपको चाहिए कि आप उत्साहित व चुस्त नजर आएं। निढाल व थके से चेहरों पर रौनक नहीं लगती। दिन के कार्यों को

करने के बीच कुछ क्षण आराम के भी बिताएं, ताकि पति के आने पर आप तरोताजा नजर आएं।

❏ पति के आने के वक्त अपने वस्त्रों का खास ख्याल रखें। यदि दिन के कार्य करते वक्त आपके कपड़ों पर हलदी या अन्य किसी वस्तु का दाग लग गया है, तो वस्त्रों को बदल लें। वस्त्रों के अतिरिक्त स्वयं भी सजी-संवरी रहें। विवाह के पूर्व तथा विवाह के तुरंत बाद प्रायः महिलाएं खूब सजती-संवरती हैं, जिससे लोग उनके प्रति आकर्षित हों व उनकी प्रशंसा करें। परंतु विवाह के पश्चात् प्रायः महिलाएं यह सोचकर कि अब विवाह तो हो ही गया है, वे सजना-संवरना छोड़ देती हैं, केवल उत्सव व विशेष अवसरों पर ही बनाव-शृंगार करती हैं, जिससे उनके पति की दीवानगी उनके प्रति कम होने लगती है। यदि आप गौर करें, तो पाएंगी कि विवाह के पश्चात् यदि पुरुष किसी अन्य लड़की के प्रेम जाल में फंस जाते हैं, तो वह लड़की अवश्य ही सज-संवर कर रहने वाली व कातिल अदाओं से दीवाना बनाने वाली होगी। यदि आप चाहती हैं कि आपका पति दूसरी स्त्रियों की ओर गलत निगाह से देखे

तक नहीं, तो अपना रूप-शृंगार व अदाएं बनाए रखिए, फिर देखिए पति का दीवानापन।

- पति के आते ही शिकायतों व परेशानियों का पिटारा खोलकर मत बैठ जाइए। उनके आते ही उनकी पसंद की चीज चाय, काफी या ठंडा प्रस्तुत करें। उनके साथ बैठकर हंसकर बातें करें।
- अपने वस्त्रों में नवीनता लाकर भी पति को आकर्षित कर सकती हैं, जैसे यदि आप रोज साड़ी पहनती हैं, तो कभी-कभार सूट अथवा अन्य बदली हुई ड्रेस पहनें। यदि सूट पहनती हैं, तो साड़ी पहनी जा सकती है। यदि संभव हो, तो जींस या स्कर्ट भी पहनी जा सकती है।
- यदि आप संयुक्त परिवार में रहती हैं, तो कभी-कभी आंखों की भाषा में पति से बातें करें, यानी चोरी-चोरी चुपके-चुपके प्यार की व इशारे की भाषा में बात करें।
- यदि हो सके तो अपना हेयर स्टाइल भी कभी-कभार बदल कर बनाएं, इससे चेहरे में एकरूपता-सी नहीं रहती।
- पति को जिन बातों या चीजों का शौक हो, उनका विशेष ख्याल रखें। भोजन में उन्हें जिस व्यंजन का शौक हो, वह उन्हें उनकी इच्छानुसार बार-बार खिलाएं।
- अन्य चीजें जैसे उन्हें आपकी लंबी बिंदी या गोल बिंदी या चूड़ियां आदि जिस प्रकार की अच्छी लगती हैं, वह पहनने का प्रयास करें।
- उनकी पसंद का परफ्यूम लगाकर उनके साथ घूमने जाएं।
- कभी-कभार मौका पाकर उनसे लिपट जाएं या उन्हें चूम लें।
- अपना वजन संतुलित रखें। अधिक मोटापा बढ़ जाने पर आपका आकर्षण कम हो सकता है। यदि किसी कारणवश आप मोटी हो गई हैं, तो उसके अनुसार वस्त्रों का चयन करें।
- पति द्वारा बताए गए कार्यों का विशेष ध्यान रखें। उन्हें समय से कर के रखें।
- यदि उन्हें सफाई से अधिक लगाव है, तो प्रयास करें कि घर खूब साफ-सुथरा रहे।
- यदि मायके जा रही हैं, तो जाने के पूर्व उनके पसंद की मिठाई या भोजन खिलाकर जाएं। लड्डू या अन्य मिठाई उन्हें पसंद हों, तो बनाकर रख जाएं। जाने से पूर्व उनके साथ अधिक-से-अधिक समय बिताएं।

- अधिक दिनों के लिए मायके जाने पर फोन पर पति से बात करती रहें। उनकी सेहत आदि की जानकारी लेती रहें। संभव हो, तो बीच में पति को मिलने के लिए बुलाएं।
- रात्रि में पहना गया पारदर्शी गाउन पति को अधिक आकृष्ट करता है, अतः उनका आकर्षण आपके प्रति बना रह सकता है।
- पति की इच्छा पूर्ति में बाधा न आने दें। उनकी इच्छा का सदैव सम्मान करें और उसे पूरा करें। इस मामले में नखरे, ठंडापन या अनिच्छा आपके पति को आप से दूर कर सकती है।
- पति की समस्याओं में भागीदारी करें। उनकी चिंताओं व परेशानियों में यदि आप मदद कर सकती हैं, तो खुले दिल से सहयोग दें, चाहे उनके कार्य, दफ्तर या परिवार से संबंधित समस्या हो, उसे हर संभव सुलझाने का प्रयास करें।
- पति का इतना ध्यान रखें कि वह अन्य स्त्रियों की ओर आकर्षित ही न हो। उसकी दिनचर्या की जानकारी अवश्य रखें, परंतु उन पर बेवजह शक न करें। पति के दफ्तर में कार्य करने वाली सेक्रेटरी महिला सहयोगी व अन्य महिला कर्मचारियों पर शक न करें।
- कभी-कभी पति को 'सरप्राइज गिफ्ट' लाकर दें। अचानक या ऐसा तोहफा पाकर आपका पति जरूर आपकी भावनाओं की कद्र करेगा और आपका ध्यान रखने का प्रयास करेगा।
- शाम को पति के घर आने के पश्चात् घर के कार्यों या बच्चों में ही न उलझी रहें। कुछ देर पति के पास बैठें। कुछ उनकी सुनें, कुछ अपनी कहें। इससे आपसी तालमेल अच्छा बना रहता है। घरेलू कार्य जैसे भोजन बनाना आदि की तैयारी उनके आने के पूर्व ही कर लें, तो उनके पास बैठने का आपके पास अधिक समय बच सकेगा।
- पति की तबीयत खराब होने पर उनका पूरा ख्याल रखें। उनको आराम की आवश्यकता हो या उनके उत्साह में कमी लगने लगे, तो समय निकालकर एक दो दिन के लिए पति के साथ बाहर घूमने का प्रोग्राम बनाएं।
- कभी-कभी अपने लिपस्टिक लगे होठों से उन्हें चूम लें। यह चुम्बन उन्हें विवाह के बाद के दिनों की याद दिलाएगा।
- सभी पुरुषों का स्वभाव एक-सा नहीं होता। अतः अपने पति की इच्छा अनिच्छा, रुचि-अरुचि का सदैव ख्याल रखें।

- खाली समय में कभी मौका हो, तो पति के सिर में उंगलियां फिराएं, जो उन्हें आराम तो देगा ही, आपकी ओर आकर्षित भी करेगा।
- पति की जिम्मेदारियों में भी सहभागी बनने का प्रयास करें। घर में होने वाली छोटी-मोटी रिपेयर, बच्चों की शापिंग, बच्चों का होमवर्क जैसी जिम्मेदारियों को स्वयं निभाने का प्रयास करें।

इस प्रकार छोटी-छोटी बातों का ध्यान रखकर आप पति को सदैव अपनी ओर आकर्षित कर सकती हैं और पति आपके व्यवहार को देखकर आपका दीवाना बना रह सकता है।

पत्नी को श्रेय देना कितना महत्वपूर्ण

किसी भी परिवार के केंद्र में पति और पत्नी होते हैं। प्रायः घर से बाहर की हर समस्या को सुलझाना पति का दायित्व होता है और घर की जरूरतों को देखना, घर परिस्थिति के अनुसार समस्याओं का सामाधान करना पत्नी का कर्तव्य होता है। स्त्री को शक्ति माना जाता है। वह परिवार में पत्नी के रूप में एक केंद्र बिंदु बन जाती है, जहां से सारे निर्णय लिए जाते हैं। वह चाहे तो परिवार को सुखी व खुशहाल बना सकती है, उसकी जरूरतों का ख्याल रखकर सबको खुश रख सकती है। लेकिन यह सब तभी संभव है, जब वह स्वयं प्रसन्नचित रहे।

पत्नी की प्रसन्नता व शक्ति का स्रोत उसका पति ही होता है। यदि पति अपनी पत्नी की इज्जत करता है, उसे सहयोग देता है, उसे आत्मीयता प्रदान करता है, उसे बात-बात पर डांटता नहीं, दूसरों के सामने उसकी बेइज्जती नहीं करता, तो परिवार में कैसी भी परिस्थितियां हों, स्त्री हताश व निराश नहीं होती। उसमें पति के प्यार की ऐसी शक्ति होती है कि वह हर मुसीबत को आसानी से झेल लेती है।

घर के अनेक कार्य जैसे बच्चों को स्कूल भेजना, मेहमानों की खातिर करना, बच्चों को तैयार करना व होमवर्क कराना, घर में सभी की आवश्यकताओं का ख्याल रखना पत्नी का दायित्व होता है, जैसे घर के बाहर की समस्याओं को निपटाना पति का दायित्व होता है। यदि बच्चा अच्छे अंक लेकर आता है, तो बच्चे के साथ-साथ उसकी मां को भी इसका श्रेय दिया जाना चाहिए। प्रायः होता यह है कि बच्चे के अच्छे कार्य का श्रेय बच्चे को ही मिलता है। उसके बुरे आचरण व बुरे कार्यों का श्रेय मां को, यह सर्वथा गलत है।

यदि पत्नी और पति में एक दूसरे के प्रति आदर की भावना हो, तो पत्नी स्वयं को गौरवान्वित महसूस करती है और उसके भीतर आत्मविश्वास जागृत हो

जाता है। इसी आत्मविश्वास के सहारे वह परिवार को जोड़े रखती है। पत्नी के व्यवहार पर बहुत कुछ निर्भर होता है कि वह परिवार में जोड़ने का कार्य करती है या तोड़ने का।

कभी-कभी पति-पत्नी में बहस या मनमुटाव हो जाता है। ऐसे में प्रायः पत्नी ही आपसी वैमनस्य व कटुता को भुलाकर उसे क्षमा कर देती है और स्वयं क्षमा मांगकर या बात-चीत करके परिवार में कटुता दूर करने का प्रयास करती है। पति को पत्नी के इस व्यवहार पर उसे पराजित होने का अहसास नहीं कराना चाहिए। यदि पत्नी ने तनाव दूर करने का प्रयास किया हो, तो स्वयं भी उसे तनाव को भूलने का प्रयास करना चाहिए। इस संसार में हर मानव में कुछ-न-कुछ कमी अवश्य होती है, अतः उससे गलतियां भी अवश्य होती हैं। ऐसे में पत्नी से पूर्णता की अपेक्षा करना मूर्खता है। यदि पत्नी से कोई गलती हो गई या पति पत्नी की आपसी कलह हो गई, तो वातावरण को सामान्य बनाकर भूलने का प्रयास करें। यदि आप कई-कई दिन तक उस बात को नहीं भूलते या पत्नी को नीचा दिखाने का प्रयास करते हैं, तो परिवार में कलह का वातावरण ही बनेगा। यदि पति, पत्नी के माफी मांगने पर उसे दिल से माफ कर सामान्य व्यवहार करने लगता है, तो

शीघ्र ही उनकी दूरियां नजदीकियों में बदल जाती हैं। उनकी कटुता समाप्त हो जाती है।

भावुकता व अंतरंगता के क्षणों में पति-पत्नी को एक दूसरे पर आरोप प्रत्यारोप नहीं लगाने चाहिए, न ही परेशानियों का रोना-रोना चाहिए। एक-दूसरे को उलाहना देना या तकरार करना दोनों को एक-दूसरे से दूर कर सकता है। सुखी दांपत्य जीवन के लिए एक दूसरे की भावनाओं का ध्यान रखना व इच्छाओं का ख्याल रखना अति महत्त्वपूर्ण है। ऐसे में उनमें विपरीत परिस्थितियों में भी भावनात्मक जुड़ाव बना रहता है और एक दूसरे को संबल मिलता है।

यदि घर में किसी प्रकार का लाभ पत्नी के कारण हो या कोई सफलता पत्नी के कारण मिले, तो इसका श्रेय उसे अवश्य देना चाहिए। इससे पत्नी का मनोबल बढ़ता है और परिवार के लिए कुछ अच्छा करने की इच्छा उसमें बनी रहती है।

यदि पति किसी बड़े ओहदे पर है, जिसके कारण पत्नी को भी मान-सम्मान व प्रतिष्ठा मिलती है, तो पत्नी को इस बात पर गर्वित होने दें कि वह आपकी पत्नी है। यदि पति उसका मान नहीं देता या तिरस्कार करता है या ताना देता है कि उसके कारण उसे इतना मान मिलता है, तो पत्नी स्वयं को गर्वित महसूस नहीं करती, न ही पति को उतना मान देती है। बेहतर यही है कि पति को दूसरों से मान पाने के लिए पत्नी का मान करना चाहिए। आपका प्रेमपूर्ण मान पत्नी में स्वाभिमान भर देगा और वह पति तथा परिवार के प्रति समर्पित भाव से जुड़ी रहेगी।

पति को चाहिए कि पत्नी को अबला न मानकर सबला माने। यदि वह कोई ऐसा कार्य करना चाहती है या करने की क्षमता रखती है, जो प्रायः पुरुष करते हैं, तो उसकी खिल्ली उड़ाकर प्रतिवाद न करें। उसे कार्य करने के लिए प्रोत्साहित करें। इससे आपके परिवार का ढांचा सुचारु व मजबूत रहेगा और आप सुखी परिवार की जड़ें मजबूत कर सकेंगे।

जरूरी है पत्नी को समय देना

प्रायः पत्नियों को शिकायत रहती है कि उनके पति अत्यंत व्यस्त रहते हैं। वे सुबह ही कार्य के लिए निकल जाते हैं और फिर देर रात तक घर लौटते हैं। कुछ पति अपने कार्य व धन कमाने की होड़ के कारण अति व्यवस्त रहते हैं, तो कुछ पति घर से दूर मौज-मस्ती करने की लालसा के कारण। उनके पास धन की कमी नहीं होती, वे घर से बाहर रहकर नवीनता का सुख तलाशते रहते हैं।

कारण चाहे जो भी हो, इन व्यस्त पतियों की पत्नियां कितनी परेशान रहती हैं और उनका दिन व समय कैसे गुजरता है, यह जानना रोचक भी हो सकता है और महत्त्वपूर्ण भी।

प्रायः महानगरों व बड़े शहरों में अधिकांश व्यक्ति अति व्यस्त जीवन व्यतीत करते हैं। ऐसे लोगों को बहुत इज्जत की नजर से भी देखा जाता है। क्योंकि ऐसा समझा जाता है कि जिन व्यक्ति का रोजगार अच्छा होगा, वही इतना व्यस्त हो सकता है। अतः लोगों की इज्जत पाने के लिए कुछ लोग जान बूझकर व्यस्त होने का ढोंग करते हैं, जब कि कुछ लोगों के लिए व्यस्त रहना मजबूरी बन जाती है।

लेकिन यदि व्यक्ति इतना अधिक व्यस्त रहे कि उनके पास न तो अपनी पत्नी के लिए वक्त हो और न ही परिवार व बच्चों के लिए, तो उसकी व्यस्तता पत्नी व परिवार की परेशानियों का कारण बन जाती है। बड़े शहरों में ऐसे अनेक लोग मिल जाएंगे, जिन्होंने अपनी पत्नी व बच्चों को हर प्रकार की भौतिक सुविधा दे रखी है, चाहे वह कार, मोबाइल, कोठी, नौकर, ड्राइवर और न जाने क्या-क्या हो, लेकिन उन्हें अपनी पत्नी के पास बैठकर शांति से बातें करने की फुर्सत नहीं है। पत्नी व बच्चों के साथ खेलने व खाने का समय ही नहीं है। वे न तो पहले दिन की बात अपनी पत्नी से कह सकते हैं और न ही पत्नी की बात सुन सकते हैं।

प्रायः ऐसे व्यस्त पतियों की पत्नियां समय बिताने के बेकार के फार्मूले ढूंढ़ती रहती हैं और अपने पति से कुढ़ती रहती हैं।

ऐसे व्यस्त पति प्रायः पत्नी के शिकायत करने पर यह कह कर उन्हें चुप करा देते हैं कि वे जो कुछ कर रहे हैं और जिसके कारण अति व्यस्त रहते हैं, वह परिवार के लिए ही है। पत्नी एक तरफ तो सुख-सुविधाएं पाकर खुश होती है, परंतु उन सुविधाओं को भोगने के वक्त पति का साथ न पाकर निराश हो जाती है।

रजत और रंजीता का ही उदाहरण देखें। रजत का बहुत बड़ा कपड़ों का कारोबार था। बड़ी-बड़ी फैक्टरियों में कपड़ों का उत्पादन व निर्यात होता था। वह प्रतिदिन दस बजे घर से चला जाता था और रात्रि को दस-ग्यारह या बारह बजे तक लौटता था। पत्नी रंजीता परेशान थी, उसने कई बार शिकायत भी की। परंतु रजत हमेशा उसे यह कहकर बहला देता कि 'बच्चे हैं न तुम्हारा मन लगाने को। फिर तुम जैसी सुंदर-संपन्न पत्नी घर की व बच्चों की देखभाल करने वाली हो, तो मुझे फिक्र की क्या जरूरत!'

रंजीता चुप हो जाती थी, परंतु रजत के बेटे की कक्षाध्यापिका कई दिन से रजत से मिलना चाहती थी, परंतु रजत के पास समय न था, तो रंजीता और रजत की अच्छी खासी तू-तू मैं-मैं हो गई। रंजीता स्वयं को किटी पार्टियों में व्यस्त रखने लगी और बच्चों को नौकरों के सहारे छोड़ने लगी।

पति की अत्यधिक व्यस्तता पत्नी को गलत दिशा में भटका सकती है। पिछले दिनों समाचार पत्रों में पढ़ने को मिला कि पति की अत्यधिक व्यस्तता व बाहर के टूर से पत्नी ने अपने ड्राइवर को ही इच्छा पूर्ति का साधन बना डाला, उससे जोर जबरदस्ती कर अनैतिक संबंध कायम कर लिए।

पति की अत्यधिक व्यस्तता का विशेष कारण प्रायः अधिक धन कमाने की लालसा रहती है। कुछ पति इस कारण धन कमाने की होड़ में लगे रहते हैं, क्योंकि उन्होंने बचपन या युवावस्था में बहुत गरीबी में दिन बिताए होते हैं और वे अपने बच्चों को बहुत सारे ऐशो-आराम देकर सुखी देखना चाहते हैं, ताकि उनके बच्चों को उनका जैसा बचपन न बिताना पड़े।

कारण चाहे जो भी हो, कोई भी पत्नी केवल धन के सुख की लालसा नहीं करती। उसे पति का प्यार तथा उसका सामीप्य चाहिए। वह पति के साथ सुखद प्यार की अनुभूति के चंद क्षण बिता कर अपने दिन गरीबी या परेशानी में बिताकर भी गौरवान्वित महसूस करती है।

हर पति को अपनी पत्नी की अकेलेपन की समस्या को समझना चाहिए। प्रतिदिन न सही, सप्ताह में एक दिन अवश्य ऐसा होना चाहिए, जिस दिन वे साथ उठ-बैठ सकें, आत्मीयता-भरे क्षण बिता सकें, एक दूसरे की भावनाओं को समझकर आपस में सुख-दुख बांट सकें, परिवार के साथ मौज-मस्ती कर सकें।

बेइज़्ज़ती न कीजिए अपनी पत्नी की

रंजीत एक बड़ी कंपनी में एक्जीक्यूटिव हैं। उनका अपना बड़ा घर है। घर में नौकर-चाकर हैं, अपना भरा पूरा परिवार है। माता-पिता, छोटा भाई, अपने दो बच्चों व पत्नी सरिता के साथ रहता है। पत्नी भी पढ़ी-लिखी है, परंतु रंजीत की आदत है बात-बात पर पत्नी को झिड़क देना, डांट देना। वह बात-बात पर कहता है, 'अरे तुम ऐसा नहीं कर सकती, यह कार्य तुम्हारे वश का नहीं, तो छोड़ दो। अरे तुम्हें यह कार्य करने की अक्ल नहीं है, तो क्यों अपनी टांग अड़ाती हो।'

रंजीत का जब मन होता है, तो पत्नी से हंस कर बोलता है, वरना उसके लिए अपना भाई अथवा पिता ही काफी हैं हंसने-बोलने को। एक बार रंजीत ने नया कैमरा खरीदा। बच्चे-बड़े सभी खुश हुए कैमरा देख कर। रंजीत ने उस नए कैमरे से समस्त परिवार के फोटो खींचे और फोटो वाकई लाजबाब आए।

एक दिन सरिता की सहेली सरिता के घर आई, तो सरिता ने अपने पति के खींचे फोटो उसे दिखाए। फोटो इतने अच्छे आए थे कि सहेली पूछ ही बैठी कि कौन से कैमरे से खींचे हैं। सरिता ने जोश में भर कर बताया कि उसके पति ने नया कैमरा खरीदा है, फिर वह कैमरा अपनी सहेली को दिखाने लगी। इसी बीच देवर आ गया, कहने लगा, 'भाभी कैमरा खराब हो जाएगा।' तभी रंजीत ने अपने भाई की आवाज सुन ली और उठकर आ गया। नाराज होता हुआ बोला, 'किससे पूछ कर कैमरा निकाला तुमने? क्या जरूरत थी कैमरा छूने की? अगर खराब हो गया तो...जिस चीज की अक्ल न हो, वह काम नहीं करना चाहिए। तुम्हारा यह खेल-तमाशा मुझे पसंद नहीं।'

यह कहते हुए रंजीत ने कैमरा सरिता के हाथ से ले लिया। सरिता व उसकी सहेली लज्जित-सी होकर रंजीत का मुंह देखने लगीं।

प्रशांत के घर मेहमान आए हुए थे। उसके अपने छोटे भाई व बहन अपने परिवार सहित एक सप्ताह की छुट्टियां बिताने आए थे। सारा दिन शोर-शराबा होता रहता था। एक दिन सब लोग हंस बोल रहे थे कि इसी बीच तृप्ता ने आकर बताया कि भोजन तैयार हो गया है। तब प्रशांत ने कहा, 'ठीक है तुम मेज पर भोजन लगा दो।' तृप्ता ने भोजन की थाली मेज पर लगा कर रख दी। परंतु यह क्या मेज पर बैठते ही प्रशांत ने तृप्ता को जोर की आवाज लगाई और सबके सामने बोला, 'तुम्हें जरा-सी तमीज नहीं है थाली लगाने की। यह क्या सब्जियां बनाई हैं? शादी को पांच वर्ष हो गए, पर अब तक अक्ल नहीं आई कि मेहमानों को भोजन कैसे खिलाते हैं।' तृप्ता का चेहरा उतर गया।

रजनीकांत और रमा में अटूट प्यार था। वे पारिवारिक समस्याओं पर मिलजुल कर सलाह-मशविरा करते थे, वैसे भी दोनों ने प्रेम विवाह किया था। एक दिन रजनीकांत का मित्र श्याम बैठा हुआ था। वह रजनीकांत का घनिष्ठ मित्र होने के कारण अकसर ही उनके घर आता रहता था। तभी टेलीफोन की घंटी बज उठी। रमा ने फोन उठाया, तब तक रजनीकांत ने इशारे से रमा से कहा कि 'कह दो मैं घर पर नहीं हूं।' लेकिन जब तक रमा ने सामने देखा, वह फोन 'होल्ड ऑन' करा चुकी थी। रजनीकांत ने फोन पर तो बात कर ली, परंतु उसके बाद बोला, 'रमा तुम्हें समझ क्यों नहीं आता कि मैं क्या कह रहा हूं। किसी ने सच ही कहा है कि औरतों की बुद्धि होती ही पीछे है।'

रमा अपने पति और उसके मित्र का चेहरा देखती रह गई। मित्र के सामने पति के अपशब्द उसे अपमान का जहर प्रतीत हुए, जिन्हें वह मुश्किल से ही निगल सकी। उसकी आंखें डबडबा आईं। वह सोचने लगी कि एक तरफ तो रजनीकांत उसे इतना प्यार करता है, दूसरी ओर जब-तब घर से बाहर के लोगों के सामने उसका अपमान कर देता है। पता नहीं दूसरों के सामने इस प्रकार पत्नी का अपमान करने में उसे क्यों आनंद आता है।

रमेश अपनी पत्नी और अपनी इकलौती बिटिया आकृति के साथ अप्पू घर गया था। वे दोनों ही अपनी लाडली बिटिया को अलग-अलग झूलों में बिठा रहे थे और उसकी हंसी के साथ खिलते चेहरे को देख स्वयं भी आनंद विभोर हो रहे थे। एक झूले से उतर कर आकृति मचल गई कि यह रंगीन वाली आइसक्रीम खानी है। रमा पहले तो आकृति को समझाती रही कि 'बेटे तुम्हें खांसी-जुकाम हो रहा है, आइसक्रीम मत खाओ।' पर नन्हीं आकृति ज़िद करती रही, तो रमा ने आकृति को चुप कराने की गरज से थोड़ा जोर से डांटा, 'नहीं खानी तुम्हें आइसक्रीम, मैंने कहा न!'

रमा की डांट सुनते ही रमेश ने जोर से रमा को डांटा, 'क्या है? क्यों डांट रही हो मेरी लाडली बिटिया को? कोई जरूरत नहीं है इसे कुछ कहने की।' चारों ओर खड़े लोगों की निगाहें रमेश और रमा की ओर उठ गईं, परंतु रमा खिसिया कर रह गई। एक तो बच्चे की गलत ज़िद, ऊपर से भीड़-भाड़ में बाहर के लोगों के बीच डांट, भला यह भी कोई बात हुई।

ऐसा प्रायः अनेकों परिवारों में देखने में आता है कि पत्नी को जब-तब डांट दिया जाए। कई बार तो पत्नी की गलती न भी हो, तो भी उसे पति के गुस्से का सामना करना पड़ता है। और कभी-कभी बच्चों की गलती पर भी पत्नी को ही डांटा जाता है। बच्चा जिद्दी हो जाए या बिगड़ जाए, तो भी मां से यही कहा जाता है कि तुमने ही बिगाड़ा है इस बच्चे को।

यदि इस प्रकार का गुस्सा अथवा अपमान पति अकेले में करता है, तो पत्नी को कोई शर्म अथवा झिझक महसूस नहीं होती, परंतु यदि वह किसी भी बाहरी व्यक्ति की मौजूदगी में क्रोध करता है, तो निःसंदेह पत्नी को बड़ा अपमान महसूस होता है। ऐसे में कभी भी पति की इज्जत पत्नी की निगाह में बढ़ती नहीं। दूसरी तरफ पत्नी की गलती न होने पर रौब झाड़ने के लिए पत्नी को डांटना कहां की अक्लमंदी है।

जिस प्रकार पुरुषों का अपना अहं होता है, अपनी इज्जत होती है, उसी प्रकार पत्नी की भी इज्जत होती है। जरा कल्पना कीजिए कि चार लोगों के बीच बैठ कर पत्नी किसी प्रकार के अपशब्द पति से कहे, तो उसे कैसा महसूस होगा। उसे अपनी कितनी बेइज्जती महसूस होगी। इसलिए आवश्यक है कि पत्नी की इज्जत और अहं का पति पूर्ण ख्याल रखे। यदि पति बार-बार पत्नी की ऐसी बेइज्जती करता है, तो एक दिन ऐसा होने की संभावना है कि पति को चार लोगों के बीच शर्मिंदगी उठानी पड़े।

बच्चों के सामने अथवा बच्चों के लिए पत्नी को डांटने का अर्थ है, बच्चों की निगाह में उनकी मां की इज्जत कम करना। यदि चाहते हैं कि आपके बच्चे माता-पिता दोनों का समान रूप से सम्मान करें, तो आप बच्चों के सामने पत्नी को कदापि न डांटें, वरना बच्चों के जिद्दी होकर बिगड़ने का खतरा ज्यादा है। यदि पति, पत्नी के किसी क्रिया-कलाप अथवा इच्छा से सहमत नहीं है, तो समय देखकर अकेले में उसके बारे में हल निकालें, तभी अच्छा है। इससे आपसी संबंधों में तो सुधार आता है, एक-दूसरे के प्रति अंडरस्टैंडिंग भी बढ़ती है, जिससे उनका पारिवारिक जीवन निश्चय ही अधिक सुखमय बन जाता है।

पति-पत्नी के बीच बेहूदा मज़ाक ठीक नहीं

पति-पत्नी के बीच भावात्मक रिश्ता अत्यंत गहरा होता है। अतः पति या पत्नी द्वारा किया गया मजाक सभ्यता की सीमा में हो, तो किसी को कोई फर्क नहीं पड़ता। लेकिन यदि यही मजाक ऐसा बेहूदा हो, जिसमें व्यक्ति के भावात्मक संवेग जुड़े हों, तो व्यक्ति अपना मानसिक संतुलन खोकर चिंता और परेशानी में घिर जाता है। कुछ स्त्रियां तो ऐसे मजाकों से इतनी आहत हो उठती हैं कि महीनों तक सामान्य नहीं हो पातीं।

कुछ घरों में पति अपनी पत्नियों की बात-बात पर खिंचाई करते रहते हैं, जैसे पत्नी से कोई नुकसान हो जाए, तो सबके सामने कहेंगे, 'अरे हमारे घर में तो ऐसा रोज ही होता है, दिन में दो चार बार होना तो आम बात है। भई मुझे तो आदत पड़ गई है नुकसान झेलने की।' पत्नी बेचारी कुढ़ कर रह जाती है और कुछ बोल नहीं पाती।

इसी प्रकार अनेक पति अपनी पत्नी के खाने-पीने आदि की आदतों की खिंचाई करते अकसर देखे जा सकते हैं। ऐसे मजाक अकसर होते रहते हैं, तो पत्नी को इन सबकी आदत पड़ जाती है। वह इस खिंचाई को हंस कर टाल देती है और अपने काम में लग जाती है। लेकिन यदि पति-पत्नी की भावनाओं से खिलवाड़ करता है, तो पत्नी बुरी तरह चिढ़ जाती है।

अजय का ही उदाहरण लें, वह रविवार के दिन पर ही था। जबकि वह छुट्टी के दिन अकसर घर के कामों से बाहर चला जाता था। उस दिन जब फोन बजा तो अजय ने ही उठाया, परंतु फोन कट गया। ऐसा दो-तीन बार हुआ, मानो ब्लैंक कॉल आ रही हो। अजय ने मजाक में कह दिया 'सुषमा, लगता है तुम्हारा कोई आशिक है, जो मुझ से बात नहीं करना चाहता।' सुषमा ने हंस कर कहा, 'क्या मजाक करते हो?' परंतु जब फोन की घंटी पुनः बजी तो अजय ने कहा, 'लगता

है आशिक महाशय पूछ रहे हैं कि रास्ता साफ हो गया क्या, सुषमा जरा फोन उठा कर कह दो मेरे पति अभी घर पर हैं।'

पति की बात सुनकर सुषमा फूट कर रो पड़ी। अजय ने सुषमा को रोने की हंसी बनाते हुए कहा, 'अरे यार क्यों ड्रामा कर रही हो, उसे फोन पर बता दो न कि वह आज यहां नहीं आ सकता।' सुषमा क्रोध में चिल्लाने लगी। फिर उन दोनों का खूब झगड़ा हुआ। कई दिन तक बोलचाल बंद रही। अजय के बहुत समझाने पर भी कि वह मजाक कर रहा था, सुषमा नाराज रहने लगी और पति से खिंचा-खिंचा सा व्यवहार करने लगी। उसका कहना था कि मजाक की भी कोई हद होती है। यह भी कोई तरीका है मजाक करने का।

इसी प्रकार के अनेकों मजाक के अवसर होते हैं, जब पति-पत्नी में तनाव हो जाता है। पत्नी व पति दोनों को ही सोच समझकर संतुलित मजाक करना चाहिए।

यदि पत्नी की रिश्ते की बहन या सहेली घर आई है, तो पति को अपना व्यवहार खूब संतुलित रखना चाहिए। लेकिन यदि पति उस आगंतुक का बहुत ख्याल रखता है, तो पत्नी को उलटा-सीधा ताना पति को नहीं मारना चाहिए, नहीं तो झगड़े की स्थिति आ सकती है। इसी प्रकार यदि पति का कोई मित्र या

रिश्तेदार या भाई आया है, तो उसे लेकर पति को पत्नी के साथ भोंडा मजाक नहीं करना चाहिए। यह एक ऐसा नाजुक विषय होता है, जिस पर आसानी से बहस या झगड़ा हो सकता है। कुछ अवसरों पर तो ऐसा भी सुनने में आता है कि पत्नी ऐसे मजाक से चोट खाकर मनोवैज्ञानिक समस्याओं का शिकार हो गई।

इसके अतिरिक्त पति या पत्नी का एक दूसरे से छिपा कर किसी को कार्ड भेजना या आए हुए पत्र या कार्ड का उनके द्वारा छिपाया जाना एक दूसरे के मन में शंका उत्पन्न कर देता है। यही शंका यदि कुछ इस प्रकार व्यक्त की जाए कि दूसरे की अच्छी खिंचाई हो जाए, तो बात बढ़ जाती है। मोना ने घर आई डाक में आया एक पत्र फाड़ कर फेंक दिया। पति के पूछने पर उसने बताया कि चमत्कार जैसा कोई पत्र था कि इस पत्र की इतनी प्रतियां बांटो, परंतु पति को यकीन नहीं हुआ। मोना ने कई बार समझाया कि ऐसे पत्र अकसर आते रहते हैं, अतः मैं हमेशा ही फाड़ देती हूं, ताकि बिना बात का बहम न हो। परंतु उसके पति को बहम हो गया कि मोना कुछ छिपा रही है। उसे लगा कि उसके किसी मित्र के पत्र आते हैं, जिनके बारे में मोना बहाना बना रही है। पति ने मोना को ताना मार दिया। मोना क्रोध में पागल हो गई। उनका खूब झगड़ा हुआ और मोना अपने मायके चली गई। उनकी तलाक की नौबत आ गई। रिश्तेदारों की मध्यस्थता से सुलह-शांति हुई। परंतु इस प्रकार की सुलह-सफाई होते एक वर्ष बीत गया।

इस प्रकार के मजाक चाहे पति करे या पत्नी, तो आसानी से रिश्तों में दरार की नौबत आ सकती है। भावात्मक रिश्तों पर चोट मनुष्य के अहम को ठेस पहुंचाती है। अतः पति व पत्नी को बेहूदे व भोंडे मजाक से बचना चाहिए।

जब कोई बात बिगड़ जाए

पति-पत्नी के बीच छोटी-मोटी तकरार या नाराजगी होना सामान्य बात है। इस नाराजगी को यदि लंबे समय तक न खींचा जाए, पिया को जल्दी ही मना लिया जाए, तो इस तकरार से जीवन में नवीनता आ जाती है। इससे अपने व्यवहार व गलतियों की ओर स्वयं ही ध्यान केंद्रित हो जाता है।

पति व पत्नी दोनों को ही चाहिए कि वे एक दूसरे की नाराजगी जल्दी से जल्दी दूर करने का प्रयास करें। यदि पति रूठ गया है, तो पत्नी को अपनी गलती मानते हुए बेझिझक पति को मनाने का प्रयास करना चाहिए। इसके विपरीत यदि किसी बात पर पत्नी रूठ जाए, तो पति को पत्नी को प्यार से मना लेना चाहिए। वैसे भी पत्नी अपने पति की थोड़ी-सी मनुहार पर जल्दी ही रीझ जाती है। वह केवल यही सोचकर खुश हो जाती है कि इसका पति उसे चाहता है, तभी उसे मनाने की कोशिश कर रहा है, जबकि पति प्रायः अपनी नाराजगी का व्यवहार कई दिन मनाने के पश्चात् भी नहीं बदलता।

सामान्यतया परिवारों में पति के नाराज होने की स्थितियां अधिक आती हैं और पत्नी के नाराज होने की कम। पति अधिकार पूर्वक क्रोध प्रदर्शित कर सकता है, पत्नी को डांट-फटकार सकता है, जबकि पत्नी प्रायः चुप रहकर अपने क्रोध का इजहार करती है। केवल कुछ स्थितियों में पत्नी के बोलने या नाराज होने के अवसर आते हैं।

कुछ परिवार ऐसे भी होते हैं, जहां दंपती में आए दिन झगड़ा व कलह होता रहता है। ऐसे दंपती एक-दूसरे को मनाने का प्रयास नहीं करते और अपनी-अपनी तरह जीने का प्रयास करने लगते हैं। प्रायः आधुनिक व शिक्षित दंपतियों में इस प्रकार का बिखराव देखने को मिलता है। ऐसे झगड़े की स्थिति में पत्नी भी स्वयं कमाने का दम रखती है। ऐसे में उनमें जल्दी ही तलाक की नौबत पहुंच जाती है।

कुछ पति अत्यधिक गुस्सैल व क्रोधी स्वभाव के होते हैं। ऐसे पति प्रायः स्वयं के पुरुष होने पर गर्व करते हैं। अपना पौरुष दिखाकर पत्नी को डांटना-फटकारना अपना हक समझते हैं। ऐसे पुरुषों में पौरुषत्व का अहम इतना अधिक होता है कि वे बात-बात पर पत्नी को फटकार सुनाते हैं और घर में उनके ही नाम का डंका बजता है। ऐसे पति हर बात में अपनी चलाते हैं, अपना निर्णय सर्वोपरि मानते हैं। ऐसे घरों में पत्नियां, प्रायः घर में शांति रखने की नीयत से चुप रहना ही अधिक पसंद करती हैं। पति के क्रोध को बेवजह बरदाश्त करती हैं। पति के साथ बहस या सवाल-जवाब में उलझना उन्हें पसंद नहीं होता।

फिर भी अनेक अवसर ऐसे आते हैं कि पति-पत्नी के बीच झगड़े व तनाव की स्थिति पैदा हो जाती है। स्थिति अति विकट हो जाने पर पति-पत्नी साथ रहने में स्वयं को असमर्थ पाते हैं। ऐसा नहीं है कि केवल पत्नियां ही पति के क्रोध व गुस्सैल व्यवहार से प्रभावित हैं, कुछ पुरुष भी पत्नियों के व्यवहार से त्रस्त होते हैं।

पत्नियों को प्रायः शिकायत रहती है कि उनकी पत्नी उनका ख्याल नहीं रखती, उनको अपना समय नहीं देती, वह बच्चों व घर के कार्यों में समय बिता देती है। पति के कार्य सुचारु रूप से नहीं करती। यदि ऐसी स्थिति हो, तो पत्नी को समझदारी से काम लेना चाहिए। पति की शिकायत को जहां तक हो सके, दूर करने का प्रयास

करना चाहिए। पति के शाम को घर आने के पूर्व सारे कार्य पहले ही निबटा लेने चाहिए। छोटे बच्चों का होमवर्क आदि भी शाम को करा देना चाहिए।

पति व पत्नी दोनों को ही एक दूसरे की गलतियों की टोका-टाकी से बचने का प्रयास करना चाहिए। हर व्यक्ति की कुछ प्राकृतिक आदतें होती हैं, जिन्हें बदलना प्रायः असंभव-सा ही होता है। बार-बार टोकने पर भी व्यक्ति उस व्यवहार को अनजाने ही दोहरा देता है, जैसे-साड़ी से मुंह पोंछना या छींकने पर मुंह के आगे हाथ न लगाना आदि। इस स्थिति से बचने का प्रयास करके घर में होने वाले तनाव को खत्म किया जा सकता है। पति-पत्नी को आपस में यह समझने का प्रयास करना चाहिए कि सभी के अच्छे व बुरे गुण होते हैं। कोई भी व्यक्ति संपूर्ण नहीं होता, अतः अपने जीवन साथी की अच्छाइयों की ओर ध्यान देना चाहिए, कमियों या गलतियों की ओर नहीं।

यदि पति किसी बात पर नाराज है और वह किसी चीज की तुरंत मांग कर रहा है, तो उससे उलझने की बजाए पत्नी को सारे कार्य छोड़कर उसकी इच्छित वस्तु लाकर देनी चाहिए। पति के क्रोधित होने पर पत्नी का बहस न करना घर में सुख-शांति को बनाए रखता है।

यदि पति या पत्नी से कोई गलती हो जाए और वे इसी पर माथापच्ची करते रहें, तो निश्चय ही उनका क्रोध और अधिक भड़क जाएगा। अतः एक दूसरे की गलती को 'एवोइड' करने से बिगड़ी बात बनाई जा सकती है।

पति यदि तनाव ग्रस्त हो, तो पत्नी को पति के तनाव का कारण जानने का प्रयास करना चाहिए। यदि कोई पारिवारिक कारण हो, तो उसे दूर करने का प्रयास करना चाहिए। पति पत्नी को एक दूसरे की परेशानियों को समझना चाहिए और उन्हें आपस में 'शेयर' करने का प्रयास करना चाहिए।

पति के क्रोध के वक्त पत्नी को टोका-टाकी या बहस नहीं करनी चाहिए। यदि अपनी गलती न भी हो, तो भी उस समय शांत रहना चाहिए। बाद में पति का मूड सामान्य होने पर पत्नी को अपनी सफाई देनी चाहिए। इससे बेवजह क्लेश से तो बचाव हो ही जाएगा, पति को अपनी गलती का एहसास भी हो जाएगा और वह भविष्य में ऐसी गलती को नहीं दोहराएगा।

पति-पत्नी के बीच कोई सेक्स समस्या हो, तो चुप रहकर नहीं वरन आपस में बातचीत कर उसे सुलझाने का प्रयास करना चाहिए।

जहां तक हो पति-पत्नी दोनों को एक दूसरे की भावनाओं का ख्याल रखते हुए घर की जिम्मेदारी निभानी चाहिए। सुखी दांपत्य में जो सुख है, वह नाराजगी, टकराव, अहम की लड़ाई व तलाक में कहां?

स्त्री ही दोषी क्यों

भारतीय समाज में विवाह को अत्यंत पवित्र बंधन माना गया है। इसमें स्त्री एवं पुरुष समान रूप से एक दूसरे से जुड़ कर एक हो जाते हैं। समाज में विवाह के बारे में प्रचलित मान्यता यही है कि विवाह के पश्चात् स्त्री को ही ससुराल पक्ष व पति से सामंजस्य स्थापित करना पड़ता है। जब कि वास्तविकता यह है कि दो भिन्न परिस्थितियों में पल कर बड़े हुए स्त्री-पुरुष का जब मिलन होता है, तो भिन्न स्थान, वातावरण व रीति-रिवाज के कारण उनके विचारों में भी भिन्नता होती है। उनमें आपसी सामंजस्य तभी स्थापित हो पाता है, जब पति व पत्नी दोनों ही एक दूसरे की इच्छाओं व भावनाओं का ख्याल रखते हुए स्वयं को बदलने का प्रयास करते हैं। किंतु व्यवहार में स्त्री को ही समझौते करने होते हैं। स्त्री को पूजनीय मानने वाले भारतीय समाज में यह भेदभाव विडंबना ही है। इस प्रवृत्ति के बीज बचपन से ही बो दिए जाते हैं। बचपन से युवावस्था तक उसे परिवार के पुरुष सदस्यों की इच्छा का ध्यान रखते हुए ही स्वयं का व्यवहार संतुलित रखना पड़ता है। उन्हीं के अनुसार वह पल कर बड़ी होती है। बचपन में पिता व भाइयों की हर इच्छा को सर्वोपरि माना जाता है, क्योंकि इस पुरुष शासित समाज में स्त्री की यही नियति समझी जाती है।

कुछ पुरुष इस प्रकार की पौरुष मानसिकता वाले होते हैं कि स्त्री को पैर के अंगूठे की नोक पर रखना पसंद करते हैं। उनका हुक्म ईश्वर के हुक्म से कम नहीं होता, परंतु हमारा वातावरण व समाज सदैव यही सिखाता है कि परिवार को सुखपूर्वक चलाने के लिए स्त्री को हर हालत में 'एडजस्ट' करना चाहिए। किसी प्रकार की शिकायत या उफ करने का उसे कोई हक नहीं।

मिसेज शर्मा का ही उदाहरण लें। पिछले दिनों हमारी कालोनी में शर्मा दंपती कहीं बाहर से ट्रांसफर होकर आए। उनके विवाह को कुछ माह ही बीते थे।

सभी पड़ोसियों ने उनका ध्यान रखना शुरू कर दिया और कभी-कभी उनके घर चले जाते। बात-बात में पता लगा कि मिस्टर शर्मा आई.ए.एस. अफसर बनना चाहते थे। कई बार प्रतियोगी परीक्षा में सम्मिलित भी हुए, परंतु उनका चयन न हो सका।

चूंकि पढ़ाई करते वक्त उनका ध्येय केवल आई.ए.एस. बनना ही था, अतः कोई व्यावसायिक प्रशिक्षण उन्होंने नहीं लिया। परीक्षा देते-देते उनकी आयु काफी हो चली थी, अतः किसी दफ्तर में क्लर्क की नौकरी कर ली। इसी बीच घर वालों ने उनका विवाह कर दिया।

मिस्टर शर्मा कुंठित हो गए। क्लर्क की नौकरी से सदैव असंतुष्ट रहते थे। विवाह के पश्चात् शर्मा जी ने अपना क्रोध व कुंठा अपनी पत्नी पर निकालनी शुरू कर दी। शुरू में वह पत्नी को बात-बात पर डांटते थे, फिर बाद में मारपीट तक नौबत पहुंच गई थी। पति के अत्याचारों से श्रीमती शर्मा तंग आ चुकी थीं। अतः उनसे बचने के लिए वह तलाक लेने की सोचने लगी। परंतु उनके मायके वालों व रिश्तेदारों ने श्रीमती शर्मा को ही समझाना शुरू कर दिया कि 'देखो, किस घर में आदमी गुस्सा नहीं करते? तुम लड़की हो, एडजस्ट करना सीखो। जैसा तुम्हारा पति चाहता है, वैसा ही रहा करो।'

श्रीमती शर्मा ने लाख समझाने की कोशिश की कि वह सब कुछ पति की मर्जी के मुताबिक करती है, लेकिन दफ्तर की कुंठा वह मुझ पर बरसाते हैं, लेकिन कोई श्रीमती शर्मा को सही मानने को तैयार न था। अड़ोसी-पड़ोसी भी यही कहने लगे कि श्रीमती शर्मा में ही कोई कमी होगी। कोई बिना बात के पत्नी को थोड़े ही पीटता है। मतलब यह कि सभी स्त्री को ही दोषी ठहराने लगे। धीरे-धीरे जब भी सब आपस में मिलते, तो मिसेज शर्मा के बारे में बात करते और बात-बात में उन्हें 'बेचारी' कहते।

पड़ोसी, रिश्तेदार या मिलने वाले जब भी उनके घर का तमाशा देखते, तो कोई भी मिसेज शर्मा को बचाने न जाता, न ही कभी मिस्टर शर्मा को समझाने का प्रयास करता। मिसेज शर्मा की जिंदगी तबाह होकर 'बेचारी' बन कर रह गई थी, परंतु समाज उसे ही दोषी ठहरा रहा था। मिसेज शर्मा पिटें भी और समाज की नजरों में दोषी भी कहलाएं।

ठीक इसके विपरीत घटना हुई मंजुला के साथ। मंजुला एक अत्यंत सुंदर एवं चुस्त लड़की थी। उसने परिवार में बड़ों की इज्जत व सभी से सामंजस्य रखने की शिक्षा पाई थी।

मंजुला पढ़ाई में तो सदैव आगे थी ही, एथलेटिक खेलों में भी उसने कुछ पदक जीते थे। उसके वैवाहिक जीवन को चार वर्ष बीत चुके थे। पति की इच्छानुसार व्यवहार करना उसकी आदत थी। इस कारण घर में काफी शांति रहती थी। रवि जब-तब अपना क्रोध व गालियां मंजुला पर बरसाता रहता था।

एक बार की बात है, मंजुला का पति रवि अपने दोस्तों को घर पर ले आया। मंजुला उनके लिए चाय बनाने लगी, तो रवि के दोस्त बोले, 'नहीं-नहीं, हम तो सीधे-सादे लोग हैं, चाय-वाय नहीं पीते, जरा सोडा ला दीजिए। पीने का इंतजाम तो हमारे पास है।'

मंजुला हतप्रभ-सी देखती रह गई। रवि के दोस्त शराब की बोतल लेकर आए थे। मंजुला का मूड बिगड़ गया और वह भीतर कमरे में जाकर बैठ गई। अपनी रौब जताने की आदत के अनुसार रवि ने मंजुला को डांटकर बुलाया।

'मंजुला तुमने सुना नहीं, फ्रिज से ठंडा पानी और पास की दुकान से सोडा की बोतल ला दो।'

मंजुला गुस्से में पैर पटकते हुए भीतर गई और ठंडे पानी की बोतल देकर भीतर बैठ गई। रवि की आंखों में मानो खून उतर आया था। उसे मित्रों के सामने अपनी बेइज्जती-सी प्रतीत हो रही थी, जब कि मंजुला हरगिज नहीं चाहती थी

कि घर में शराब पी जाए। क्योंकि एक बार इसकी शुरुआत हो जाए, तो फिर रोकना मुश्किल होता है।

जैसे-तैसे रवि के मित्र एक घंटे बाद चले गए। रवि नशे में था। क्रोध में भर कर वह भीतर आया और मंजुला पर हाथ उठाने लगा, पर मंजुला ने तुरंत रवि का हाथ पकड़ लिया और बोली, 'खबरदार जो मुझ पर हाथ उठाया, ऐसा किया तो मुझ से बुरा कोई न होगा।'

रवि ने ऐसा सपने में भी नहीं सोचा था कि इतनी सीधी-सादी आज्ञाकारिणी पत्नी उसका हाथ पकड़ सकती है। उसका दिमाग झन्ना गया, नशा काफूर हो गया। वह क्रोध में उबलते हुए अकड़ कर बोला, 'क्या करोगी, पीटूंगा मैं तुम्हें...'

मंजुला बोली, 'मैं तुम्हारे जैसे बर्बर पति के साथ रह कर अपनी ताकत का अहसास भूल चुकी थी। मुझ में भी पूरी ताकत है अच्छे-अच्छों से मुकाबला करने की। अगर तुमने हाथ उठाया, तो तुम्हें तो मारने नहीं दूंगी और मैं तुम्हारी वैसी ही पिटाई करूंगी जैसी तुम करते।'

रवि को लगा कि मंजुला यूं ही धमकी दे रही है। वास्तव में वह ऐसा कुछ नहीं कर सकती। उसने जोर से हाथ उठाया और एक तमाचा मंजुला को दे मारा। मंजुला ने जोश में आकर थप्पड-घूसों की बरसात रवि पर कर दी। वह मानसिक रूप से इसके लिए तैयार न था, अतः घबरा गया।

रवि समझ गया कि उसे समझौता करने के लिए बर्बरता का त्याग करना ही पड़ेगा। वह तुरंत शांत हो गया। उसे अहसास हो गया कि वह गलत था।

लेकिन इस घटना की जानकारी अड़ोस-पड़ोस में आग की तरह फैल गई। लोग खुसर-पुसर करने लगे और कहने लगे, 'क्या कलयुग आ गया है, घोर अनर्थ हो रहा है, औरत पति पर हाथ उठा रही है।' समाज में हर व्यक्ति मंजुला की बुराई करने लगा। लोग उससे कतराने लगे।

मतलब यह है कि समाज में पति-पत्नी को पीटे, तो समाज पत्नी को बचाने के स्थान पर उसे 'बेचारी' ठहरा सकता है अथवा उसे ही गलत ठहरा सकता है और यदि पत्नी पति की पिटाई के बदले हाथ उठाती है, तो लोग पत्नी का दोष बता कर कन्नी काटने लगते हैं। उस पत्नी के साथ उनकी बेचारी वाली हमदर्दी भी समाप्त हो जाती है और लोग उस पत्नी की आलोचना शुरू कर देते हैं।

प्रश्न यह उठता है कि भारतीय समाज में स्त्री के प्रति दोहरा मापदंड क्यों अपनाया जाता है। स्त्री पिटे तब भी दोषी, पीटे तब भी दोषी।

पति के मन में शक की दीवार न उठने दें

समाज में आज तेजी से बदलाव आ रहा है। लोगों की मानसिकता भी कुछ हद तक बदल रही है। प्रायः सभी शिक्षित परिवारों में दो बच्चे होते हैं। चाहे वे लड़के हों या लड़की, सभी को समान प्यार दिया जाता है और शिक्षा के समान अवसर दिए जाते हैं। ये बच्चे स्कूल, कॉलेज में अनेकों मित्र बनाते हैं और एक समय आ जाता है, जब ये बच्चे युवा होकर वैवाहिक जीवन में प्रवेश करते हैं।

हमारे समाज में अकसर देखा जाता है कि विवाह के पूर्व अकसर माता-पिता अपने बच्चों को इतनी छूट देते हैं कि वे विपरीत सेक्स के मित्र भी बना सकें। ये मित्र आपस में कभी घुले-मिले भी होते हैं। ऐसे में मित्रों में आपस में कोई मनमुटाव नहीं रहता।

परंतु जैसे-जैसे उनका विवाह होता जाता है, उनका नजरिया बदलने लगता है। वे अपने जीवन साथी पर एकाधिकार की इच्छा रखने लगते हैं। लड़के प्रायः अपनी पत्नी के दोस्तों को और लड़कियां अपने पति की हमउम्र सहेलियों को बर्दाश्त नहीं कर पातीं। कहीं-कहीं ऐसा भी होता है कि पति काफी उदार दिल होता है और अपनी पत्नी के दूसरों के साथ हंसने-बोलने को बुरा नहीं मानता। परंतु ऐसे में लड़के के घर वाले या रिश्तेदार लड़के के कान में फुसफुसाना शुरू कर देते हैं कि बहू के ये लक्षण ठीक नहीं हैं...वगैरह...वगैरह...।

फिर लड़के का नजरिया भी बदलने लगता है। इसी प्रकार लड़कियां भी विवाह होते ही अपने पति का इधर-उधर घूमना, देर से आना, अन्य लड़कियों से बातें करना बरदाश्त नहीं कर पातीं। नतीजा यही होता है कि परिवार जिसकी नींव खुशी और प्यार के साथ रखी गई थी, बिखरने लगती है।

प्रायः दंपती भूल जाते हैं कि विवाह एक अटूट विश्वास का नाम है, एक दूसरे को समझने का नाम है, दूसरे के लिए बलिदान करने का नाम है, दूसरे को

खुश रखने का नाम है। जब तक वे एक दूसरे पर विश्वास करते रहेंगे, उनमें प्यार बना रहेगा और उनका यह अटूट बंधन जीवन-भर खुशी-खुशी चलता रहेगा।

वैवाहिक जीवन में शक के लिए कोई स्थान नहीं है। शक करने से प्यार की मजबूत जड़ें भी हिलने लगती हैं और परिवार रूपी हरा-भरा वृक्ष मुरझाने लगता है। यदि कहीं शक की नौबत आए, तो बेहतर यही होता है कि समय देखकर एक दूसरे से स्पष्ट बात कर ली जाए, ताकि बात और न बिगड़े। विप्लव का ही उदाहरण देखें–

विप्लव बहुत देर से अपनी पत्नी का इंतजार कर रहा था। वह बालकनी में कभी बाहर आता कभी अंदर जाता। वह समझ नहीं पा रहा था कि क्या करे। घड़ी की सुई टिक-टिक करके आठ बजा रही थी। अचानक उसे लगा कि ऋचा के ऑफिस में फोन करके ही पता कर लूं कि इतनी देर क्यों हो गई। इतनी देर से वह फोन करना टालता जा रहा था।

विप्लव ने फोन किया, परंतु उधर से किसी ने फोन नहीं उठाया, तो उसका मिजाज और भी गर्म हो उठा। ऋचा प्रायः पौने सात या सात बजे तक घर अवश्य

आ जाती थी। दफ्तर से 6 बजे उसकी छुट्टी होती थी। विप्लव 7.30 बजे तक घर पहुंचता था। आज विप्लव काम से ऑफिस से बाहर गया था। वहीं से घर लौट आया, इसलिए वह 6 बजे ही घर पहुंच गया था।

उसे एक-एक क्षण एक-एक युग की भांति प्रतीत हो रहा था। अचानक घर के बाहर मोटर साइकिल रुकने की आवाज सुनाई दी, तो विप्लव चौंका। वह बाहर की ओर लपका तभी उसने देखा कि ऋचा किसी की मोटर साइकिल से उतरी और घर की ओर चल दी। ऋचा को किसी अन्य पुरुष के साथ देखकर विप्लव का माथा ठनक गया और ऋचा के भीतर आने पर चुपचाप किताब लेकर पढ़ने बैठ गया। ऋचा ने कारण बताने का प्रयास किया, तो गुस्से से उसने सुनने से इनकार कर दिया। एक सप्ताह बीत गया, परंतु विप्लव ने ऋचा की तरफ से बेरुखी अपनाई हुई थी। वह हरदम नाराज रहता। उससे बात न करता। उसके कुछ भी पूछने पर ठीक से जवाब न देता।

एक दिन ऋचा ने विप्लव को मनाते हुए जब बहुत प्यार से उसके गुस्से का कारण पूछा, तो वह गुस्से में बौखला कर अपना शक व क्रोध बयान कर बैठा। जब ऋचा ने ऑफिस की मीटिंग के बारे में विस्तार से बताया कि साढ़े सात बजे मीटिंग खत्म होने पर यदि वह बस से आती, तो 9 बज सकते थे और उसके दफ्तर का साथी जो इधर ही रहता है, उसके साथ वह घर आ गई। ऋचा ने कहा, 'अगर तुम्हें बुरा लगा, तो आगे से चाहे देर भी हो जाए मैं किसी के साथ हरगिज नहीं आऊंगी। इस पर विप्लव को अपनी गलती का अहसास हुआ और उनके जीवन में फिर से खुशहाली छा गई।'

इसके विपरीत रमन के वैवाहिक जीवन में शक की वजह से एक बड़ा तूफान आ गया, जिससे उसकी नैया मुश्किल से आगे बढ़ सकी। रमन एक सुशील होनहार लड़का था। उसके विवाह को 7-8 माह बीत चुके थे। वह अकसर परेशान सा रहने लगा था। उसके मित्र पूछते भी क्या बात है, तो वह कोई-न-कोई बहाना बना देता। वह अकसर दफ्तर से कभी दोपहर को छुट्टी लेकर घर चला जाता, तो कभी छुट्टी से 2-3 घंटे पहले और कभी-कभी तो यहां तक होता कि दफ्तर आता और 1-2 घंटे बाद ही तबीयत खराब की अर्जी देकर छुट्टी लेकर घर चला जाता।

शुरू में तो मित्रों ने सोचा कि नया-नया विवाह हुआ है, इस कारण घर जाने की जल्दी बनी रहती है। परंतु जब 7-8 माह बीत जाने पर भी रमन का यही क्रम बना रहा, तो एक दिन उसके मित्र संजय ने पूछा, 'क्या बात है यार शादी के बाद तू बहुत बीमार रहने लगा है? डॉक्टर को दिखाया तूने?'

'नहीं, कोई खास बात नहीं है', रमन बोला।

'फिर भी, बता तो सही, डॉक्टर ने क्या बताया' संजय ने फिर जोर देते हुए पूछा, तो रमन बोला, 'नहीं यार मेरी तबीयत कुछ खराब नहीं है।' बस यूं ही…।

'तो क्या भाभी जी की तबीयत कुछ खराब है?' संजय ने पूछा।

'तबीयत तो तुम्हारी भाभी जी की एकदम चुस्त-दुरुस्त है', रमन बोला।

'फिर क्या बात है? लगता है तू कुछ छिपा रहा है, जब तेरी और भाभी जी दोनों की तबीयत ठीक है, तो फिर यह रोज-रोज बीमारी की छुट्टी क्यों?' संजय ने अपनत्व जताते हुए पूछा।

रमन पहले तो कुछ हिचकिचाया, फिर बोला, 'क्या बताऊं दोस्त, जब से मेरा विवाह हुआ है, न जाने मन में शक-सा बना रहता है।'

'कैसा शक, किस पर?' संजय से अचकचाते हुए पूछा।

'मुझे अपनी पत्नी के व्यवहार और रूप-रंग को देखकर हरदम शक-सा बना रहता है' रमन ने बात को स्पष्ट करते हुए कहा।

'क्या कोई खास व्यवहार रहता है, भाभी जी का? कभी तुमने कुछ गलत देखा अपनी आंखों से?' संजय आश्चर्य प्रकट करते हुए बोला।

'मैं जब भी अचानक घर जाता हूं, तो घर में पत्नी हमेशा सजी-धजी शृंगार किए मिलती है। कोई घर के काम में व्यस्त होकर इतना शृंगार करके कैसे रह सकता है? मुझे तो शक होता है कि उसका कोई शादी से पहले के दोस्त का चक्कर है या फिर कुछ और ही चक्कर है। मुझे उसका चाल-चलन ही ठीक नहीं लगता।'

'जब तुमने इतनी बार अचानक पहुंच कर देख लिया और तुम्हें आज तक कभी कुछ गलत नहीं मिला, तो क्यों बेवजह अपनी सुंदर पत्नी पर शक करते हो? मुझे देखो, मेरी शादी को चार वर्ष हो गए। ये वर्ष कैसे बीत गए, मुझे पता ही नहीं लगा। यह शक और बहम तो पारिवारिक प्रेम के दुश्मन हैं।' समझाते हुए संजय बोला।

'नहीं यार, बात यह नहीं है। मैंने भी आज तक अपने घर में अपनी मां व दो भाभियों को देखा है, घर में बिलकुल साधारण कपड़ों में बिना बनाव-शृंगार के रहती हैं। एक मेरी पत्नी है कि घर में भी इतनी सजी-धजी मिलती है, जैसे वह कहीं जाने वाली है या कोई आने वाला है।' रमन बोला।

संजय समझ गया कि शक ने रमन के दिल-दिमाग को जकड़ रखा है। उसने

फिर भी एक बार और समझाने की कोशिश की, 'यार सबके अपने-अपने शौक होते हैं। भाभी जी को बनाव-शृंगार का ज्यादा शौक होगा, फिर शादी के बाद साल दो साल तो प्रायः सभी लड़कियों को बनने संवरने का बहुत शौक रहता है, खासकर जब तक बच्चे की जिम्मेदारी नहीं आ जाती।'

रमन चुप हो गया, पर लगता था कि वह पूरी तरह संतुष्ट नहीं था, तो संजय ने उसको समझाने के लिए एक योजना बनाई और एक दिन लंच में छुट्टी लेकर दोनों मित्र रमन के घर गए।

रमन थोड़ी दूर छिप कर खड़ा रहा। संजय ने कॉल बेल दबाई, तो रमन की पत्नी ने दरवाजा खोला और नमस्ते किया, फिर संजय को देखकर बोली, 'रमन तो इस समय घर पर नहीं हैं।'

संजय ने आग्रह किया, 'कोई बात नहीं, तब तक एक-एक कॉफी हो जाए।' इस पर रमन की सुंदर पत्नी बोली, 'आप बुरा न मानें तो शाम को आइएगा, तब तक रमन भी ऑफिस से घर आ गए होंगे। कॉफी भी पीजिएगा और पकौड़े भी खाइएगा।'

संजय बाहर आ गया और आकर अपने मित्र रमन को समझाया, 'यदि तुम्हारी पत्नी का चरित्र खराब होता, तो मुझे भी बैठने का आग्रह करती। मुझे नहीं लगता कि तुम्हारी पत्नी का चरित्र खराब है या वह दोषी है। इतनी सुंदर और सलीकेदार पत्नी किस्मत वालों को ही मिलती है। शक की दीवार खड़ी करके क्यों अपने परिवार की खुशियां मिटाना चाहते हो।' इतना कहकर संजय ने सारी बात विस्तार पूर्वक रमन को बता दी।

रमन का शक तो दूर हो गया और उनके परिवार में उमंग की मस्ती छा गई। वास्तव में शक परिवार में कलह उत्पन्न कर देता है। पत्नी या पति के देर से आने पर बेवजह वे एक दूसरे पर शक करते हैं, तो परिवार की खुशियां चकनाचूर हो सकती हैं।

पति को दफ्तर या घर की अन्य जिम्मेदारियों के सिलसिले में घर से बाहर अधिक समय रहना पड़ सकता है। पति या पत्नी शौकीन मिजाज हो, तो उसे हरदम अच्छे कपड़े पहनने व परफ्यूम लगाने का शौक हो सकता है। पत्नी कभी पति की पूर्व अनुमति के बिना अपनी किसी मित्र के यहां अथवा मायके जा सकती है अथवा बाजार किसी काम से जा सकती है, जिसके लिए वह निश्चित रूप से कुछ घंटे घर से बाहर रहेगी। इन सब बातों का कदापि गलत अर्थ न लगाएं। दफ्तरों में भी पुरुष व स्त्रियों में एक दूसरे से मित्रवत व्यवहार होता है।

आवश्यकता पड़ने पर एक दूसरे की सहायता की जाती है। एक दूसरे से कोई काम कराना, लिफ्ट लेना, साथ बैठकर खाना आदि सामान्य दिनचर्या के अंग हैं। एक दूसरे के प्रति विश्वास से वैवाहिक जीवन में आपसी प्रेम बढ़ता है। मन में शक का बीज पनपने देने से अच्छा है कि अवसर देखकर बात स्पष्ट कर ली जाए, ताकि यह बीज पनप कर पौधा बनने से पहले ही उखाड़ दिया जाए, वरना घर की सुख-शांति भंग हो सकती है।

पति की सेक्रेटरी पत्नी के शक की धुरी

तेजी से बदल रहे समाज में जीवन मूल्यों में भी तेजी से परिवर्तन आया है। आज स्त्री व पुरुष आफिस में कंधे-से-कंधा मिला कर चलते हैं। अनेक सरकारी व प्राइवेट कार्यालयों में रिसेप्शनिस्ट अथवा सेक्रेटरी का कार्य प्रायः महिलाएं ही देखती हैं। कहीं-कहीं तो महिला होने के कारण उनका शोषण होता है, तो कहीं महिला होने का वे अनुचित लाभ उठाती हैं। चूंकि सेक्रेटरी को बार-बार अनेक कार्यों के संबंध में अपने बॉस के पास जाना पड़ता है। यदि सेक्रेटरी सुंदर हो, तो कई बार उनके गलत संबंध भी स्थापित हो जाते हैं और कई बार पत्नियां शक अथवा गलतफहमी के कारण अपने पति पर गलत आरोप लगा बैठती हैं, जिससे उनके परिवार की खुशियां चकनाचूर हो जाती हैं। पत्नी की समझदारी व आपसी विश्वास ही परिवार में खुशियां वापस लौटा सकती है।

वंदना का विवाह बड़ी धूमधाम से गारमेंट एक्सपोर्टर रवि से हुआ। उसकी ससुराल में खूब आवभगत हुई। उसके कानों में शहनाइयों की गूंज अभी भी सुनाई दे रही थी कि अचानक सुबह-सुबह उसकी आंख खुली, तो पति को कमरे से नदारद पाया। वह जल्दी से बन-संवर कर कमरे से बाहर निकली तो यह क्या? हंसी के तेज कहकहे उसको भीतर तक झकझोर गए।

बाहर के कमरे में रवि किसी नवयौवना से हंस-हंस कर बातें कर रहा था। उस युवती की अदायें ही देखने काबिल थीं। वंदना को आता देख रवि ने उसका परिचय कराया, 'यह मेरी सेक्रेटरी बॉबी है। मुझ से आज के कामों के बारे में पूछने आई है।' वंदना को यह कुछ अच्छा न लगा। वह सोचने लगी कि आखिर विवाह के अगले दिन ही ऐसी क्या जरूरत आ पड़ी इस सेक्रेटरी को, जो सुबह-सुबह बनठन कर चली आई।

रवि ने एक सप्ताह की आफिस जाने की छुट्टी कर रखी थी। वंदना मन ही मन खुश हो रही थी कि शायद हनीमून पर जाने के लिए रवि ने छुट्टी ले रखी है, पर वंदना को क्या पता था कि वह सब वंदना के लिए दिखावा था। रोज सुबह बॉबी सज-धज कर आ जाती। तीन-चार घंटे रवि से बातें करती रहती, फिर शाम को पुनः आकर बैठ जाती। रवि उसका खूब खयाल रखता।

वंदना से यह सब सहन न हुआ, परंतु उसने स्वयं को नियंत्रित करते हुए रवि से कहा, 'डियर, कुछ दिन बाद तो आप ऑफिस जाएंगे ही, पर तब तक तो आप छुट्टी मनाइए।' पर रवि ने बड़े आराम से यह कह कर वंदना की बात टाल दी कि 'डार्लिंग काम भी तो बहुत जरूरी है। यह तो गनीमत है कि बॉबी यहां आकर सारा काम पूछ जाती है।'

वंदना को कई बार लगा कि इन दोनों के बीच कहीं कुछ गलत संबंध हैं, जिनके बारे में वह नई नवेली होने के कारण किसी से पूछ नहीं सकती थी कि अचानक उसने अपनी बड़ी ननद व सास के बीच खुसपुस सुनी, 'रवि का हाल तो ज्यों-का-त्यों है, मैं तो सोचती थी कि विवाह के बाद रवि सुधर जाएगा।... 'बॉबी भी तो कितनी बेशर्म है, उसे जरा भी किसी की परवाह नहीं। वह यह भी

नहीं सोचती कि अब रवि का वैवाहिक जीवन बिखर जाएगा, पर जब अपना माल खोटा, तो पराये का क्या दोष।'

वंदना से सुना न गया। वह चुपचाप अपने कमरे में जा कर कुछ सोचने लगी और फिर उसने दृढ़ निश्चय कर लिया रवि को सुधारने व सही राह पर लाने का। वह हरदम रवि का ज्यादा-से-ज्यादा खयाल रखती। उसकी हर इच्छा-अनिच्छा का सम्मान करती। खूब बन-संवर कर रहती। शुरू में उसे अनेक मुश्किलों का सामना करना पड़ा, पर धीरे-धीरे रवि उसकी ओर आकर्षित होने लगा।

एक दिन रवि की अनुपस्थिति में उसने बॉबी से भी बात की व उसके गलत व्यवहार की ओर ध्यान दिलाया। पर बॉबी ऐय्याश लड़की थी, रवि उस पर दौलत लुटाता था, अतः बॉबी स्वयं को बदलने या अपनी गलती मानने को तैयार न थी।

वंदना ने हार न मानी, वह रवि का ध्यान अपनी ओर बराबर बनाए रखती, इस बीच उनका बेटा हो गया और रवि धीरे-धीरे अपने परिवार में मस्त हो गया। वंदना की मेहनत रंग लाई और उसका परिवार खुशियों से भर उठा।

यदि वंदना पति से तकरार अथवा बहस करती या लड़ती-झगड़ती, तो हो सकता था कि बात बिगड़ जाती, परंतु उसने हिम्मत से काम लिया और उसका जीवन सुखमय हो गया।

सेक्रेटरी से पति के गलत संबंध होने का शक परिवार की खुशियों को बरबाद कर देता है। केवल शक की बुनियाद पर संबंध बिगाड़ लेना भी गलत है। शक की दरार चौड़ी हो जाने पर परिवार बिखर जाता है, जैसा कि मि. सुरेश श्रीवास्तव के साथ हुआ।

सुरेश का विवाह हुए लगभग 17 वर्ष बीत चुके थे। उसका व उसकी पत्नी सीमा का एक दूसरे पर पूरा विश्वास था। सुरेश सरकारी कार्यालय में एक्जीक्यूटिव था। तनख्वाह भी अच्छी पाता था। उसके अनेक रईसों से अच्छे संबंध हो गए थे। सुरेश को महसूस हुआ कि यदि वह अपना ऑफिस खोल ले, तो इससे कहीं ज्यादा कमा सकता है।

पति-पत्नी दोनों की राय बनी कि आजकल बिजनेस कन्सल्टेन्ट के काम में काफी कमाई है। सुरेश ने अच्छे कामर्शियल कांप्लेक्स में अपना ऑफिस खोल लिया। आधुनिक रिवाज के अनुसार 2-3 कर्मचारी व एक सेक्रेटरी रख ली। सुरेश के समस्त कार्यों व दिनचर्या की जानकारी सेक्रेटरी को होती। सुरेश का काम चल निकला।

वह अत्यंत व्यस्त रहता, कभी-कभी घर भी देर से पहुंचता। पत्नी के शिकायत करने पर कहता कि सेक्रेटरी से फोन करके पता कर लेती कि मुझे कहां

जाना है और कब पहुंचूंगा। पत्नी को बहुत गुस्सा आता, पर चुप होकर रह जाती। उसे लगता कि पति उसे अनदेखा करने लगा है। पहले तो सदैव सुरेश उसे अपने आने-जाने के कार्यक्रम बताकर जाता था।

सुरेश एक बार पिकनिक पर अपने परिवार के साथ घूमने गया। उसे न जाने क्या सूझी कि सेक्रेटरी को भी पिकनिक पर आमंत्रित कर लिया। सीमा ने मजाक में कुछ शब्द सेक्रेटरी के बारे में कह दिए, 'अरे भई तुम तो आजकल बहुत खास हो...।' बस पति को गुस्सा आ गया, उसे अपनी तौहीन महसूस हुई। सुरेश को लगा कि पत्नी उसकी वफादारी पर शक कर रही है। उसने जानबूझ कर घर के उत्सवों, कार्यक्रमों में सेक्रेटरी को बुलाना शुरू कर दिया।

चूंकि सुरेश की उम्र अपनी सेक्रेटरी से बहुत ज्यादा थी, परंतु सीमा का विश्वास डगमगाने लगा। धीरे-धीरे उसका शक बढ़ता गया। सुरेश कभी उसकी इस बात को गंभीरता से न लेता था, क्योंकि उसे अपने व्यवहार में कुछ गलत न लगता था। सेक्रेटरी परिवार में सभी से बात करती थी। सुरेश को अपने अच्छे चरित्र व शालीनता पर आवश्यकता से अधिक विश्वास था। नतीजा यह हुआ कि उसके संबंध पत्नी से बिगड़ते चले गए। बच्चे चूंकि समझदार थे, अतः उन्हें भी अपने पिता की ऐसी गतिविधियां अच्छी न लगती थीं। उन्हें पारिवारिक कार्यक्रमों में किसी बाहरी व्यक्ति को बुलाने की आदत न थी। धीरे-धीरे नौबत तलाक तक आ पहुंची। बना-बनाया घर शक के एक झोंके से गिर गया।

पति की सेक्रेटरी जरूरत से ज्यादा सुंदर अथवा स्मार्ट हो, तो भी कभी-कभी पत्नी को उससे पति के संबंध होने का शक पैदा हो सकता है। जैसा कि सुभाष और स्वप्निल के परिवार में हुआ।

सुभाष पेशे का डॉक्टर है। उसके विवाह को 2-3 वर्ष बीत चुके थे। विवाह के वक्त सुभाष किसी बड़े अस्पताल में नौकरी करता था। पति-पत्नी दोनों की तमन्ना थी कि सुभाष का अपना बड़ा क्लीनिक हो, वह स्वयं प्रैक्टिस करे। अतः दोनों ही क्लिनिक बनाने के लिए बहुत मितव्ययिता से खर्च करके धन इकट्ठा कर रहे थे।

जैसे-तैसे तीन वर्ष निकल गए। कुछ मित्रों से धन लेकर व कुछ अपना धन लगाकर डॉ. सुभाष ने अपना क्लीनिक खोल लिया। किस्मत ने साथ दिया कि उसकी प्रैक्टिस चल निकली। सुभाष ने अपनी सहायता के लिए नर्स व मरीजों को समय देने के लिए रिसेप्शनिस्ट कम सेक्रेटरी रख ली। काम बढ़ने लगा था, अतः सुभाष को घर आने में अकसर देर हो जाती।

सुभाष थका-मांदा घर लौटता, तो स्वप्निल के कटाक्ष सुनने को मिलते, 'हां-हां अब मन बहलाने को सुंदर सेक्रेटरी जो है क्लीनिक में, इसीलिए घर आने का मन नहीं करता। सुनकर सुभाष को गुस्सा आ जाता, पर वह अपना पारिवारिक जीवन बिगाड़ना नहीं चाहता था। अतः चुप होकर रह जाता।'

एक दिन सुभाष के देर से आने पर स्वप्निल ने रोते हुए कहा, 'तुम्हें अब मेरी बिलकुल परवाह नहीं। पहले तुम मेरा कितना खयाल रखते थे, शाम को समय से घर वापस आ जाते थे, पर अब...।' उसकी बात पूरी होने से पहले ही सुभाष बोल पड़ा, 'देखो स्वप्निल, यह बात बिलकुल ठीक नहीं है। मैं सब कुछ तुम्हारे व अपनी बिटिया के लिए ही तो करता हूं। पहले मैं नौकरी करता था, तो अस्पताल से जल्दी छुट्टी हो जाती थी। पर तब बंधी-बंधाई निश्चित तनख्वाह ही तो मिलती थी। अच्छा तुम्हीं बताओ, क्या तुम नहीं चाहती कि मेरी प्रैक्टिस खूब चले?'

'वह कौन पत्नी नहीं चाहेगी?' स्वप्निल ने चुप होते हुए कहा। अब सुभाष को मौका मिल गया था पत्नी को अपनी सफाई देने व समझाने का। वह बोला, 'तुम्हीं सोचो, जब ज्यादा अच्छी प्रैक्टिस होगी, तो ज्यादा मरीजों को देखने में ज्यादा समय तो लगेगा ही। फिर तुम मेरे देर से आने पर क्यों बेवजह शक करती हो?'

स्वप्निल को सुभाष की बात समझ में आ गई और दोनों की जीवन-नैया, जो हवा के झोकों से हिलने लगी थी, फिर से धीरे-धीरे ठीक-ठाक चलने लगी। यदि इस वक्त पति समझदारी से काम न लेता और गुस्से में गलत बात बोल देता, तो बात बिगड़ सकती थी। कभी-कभी पति की अपनी सेक्रेटरी के प्रति अत्यधिक सहानुभूति भी पत्नी के मन में शक पैदा कर देती है।

32 वर्षीय वीरेंद्र एक बड़ी कंपनी का मालिक था। उसके बड़े-से ऑफिस में अनेकों कर्मचारी काम करते थे। एक दिन उसके ऑफिस में एक 19-20 वर्षीया शिक्षित एवं गरीब लड़की आई। वह समय की मारी व गरीबी से परेशान कुछ काम करना चाहती थी। उसके परिवार में बूढ़ी मां व दो छोटे भाई थे। उसने वीरेंद्र से काम देने की प्रार्थना की। वीरेंद्र का दिल पसीज गया और उसे अगले दिन से काम पर आने को कह दिया।

वीरेंद्र ने अपनी पत्नी को भी बताया कि उसने आज एक जरूरतमंद लड़की को नौकरी देकर उसकी सहायता की है। पत्नी ने भी प्रसन्नता जाहिर की। परंतु कुछ समय बाद पत्नी को पता लगा कि उसका पति उस गरीब लड़की को अन्य स्टाफ से अलग छुट्टियां, एडवांस व अन्य सुविधाएं देता है। उस लड़की पर उसका

पति कुछ ज्यादा ही मेहरबान है। तभी एक दिन पत्नी को उस लड़की से मिलने का मौका मिला। लड़की बार-बार उसके पति वीरेंद्र की प्रशंसा करती रही। लड़की के सौम्य-सुंदर व्यक्तित्व के कारण पत्नी को ईर्ष्या व शक होने लगा। पत्नी ने पति को उस लड़की को नौकरी से निकाल देने को कहा, तो पति ने समझाया कि वह गरीब एवं बेसहारा है और अपने परिवार का एकमात्र सहारा है।

ऐसे में पत्नी को लगा कि पति के दिल में सहानुभूति की जगह प्यार ने स्थान ले लिया है, इसी कारण वह लड़की को नौकरी से निकलना नहीं चाहता। दोनों में मन मुटाव रहने लगा। इसी बीच पत्नी को उस लड़की के परिवार से मिलने का मौका मिला।

उस परिवार का हर सदस्य उसके पति के एहसानों से दबा हुआ लगता था। सभी उसकी व उसके पति की बार-बार प्रशंसा कर रहे थे। पत्नी को अपनी गलती का एहसास हुआ। उसके व्यवहार में पुनः पहले की सी मस्ती व चुस्ती छा गई।

ऐसे ही अनेकों मौके आते हैं, जब पत्नी को पति के अपनी सेक्रेटरी के साथ संबंध होने का शक हो जाता है। परंतु शक की बुनियाद पर गलत व्यवहार करना अथवा संबंध बिगाड़ लेना कोई अक्लमंदी नहीं। मन में शक का बीज पनपने देने से अच्छा है कि अवसर देख कर बात कर ली जाए, ताकि यह बीज पनप कर पौधा बनने से पहले ही नष्ट हो जाए, वरना घर की सुख-शांति नष्ट हो सकती है।

क्या करें विवाह पूर्व के प्रेमी से मिलने पर

संचिता का विवाह हुए 13 वर्ष बीत चुके थे। इस बीच वह दो बेटों की मां बन चुकी थी। अपने पति का प्यार पाकर अपने सुखी संसार में मस्त थी। अपने बच्चों को पालते-पोसते हंसते-हंसते कब इतने वर्ष बीत गए, संचिता को पता ही नहीं लगा।

पिछले दिनों संचिता अपने मायके आई हुई थी। उसके भाई के बेटे की शादी थी। अपने भतीजे की शादी पर वह खुशी से फूली नहीं समा रही थी, तभी अचानक उसकी टक्कर आशीष से हो गई। उसे अचानक देख कर संचिता घबरा गई। फिर संभलते हुई बोली, 'कैसे हो?' आशीष ने संचिता को बरसों बाद देखा था, सो वह सचिंता को देखता ही रह गया। वह इतने बरसों बाद भी पहले जैसी स्मार्ट और सुंदर दिख रही थी। आशीष ने जब कुछ जवाब नहीं दिया, तो संचिता चल दी। आशीष अचकचा कर बोला, 'आज भी इतनी खूबसूरत दिखती हो कि देखते रहने को जी चाहता है।'

संचिता शरमाते हुए घबराकर दूसरे कमरे में घुस गई, परंतु आशीष की दिल चीर कर रख देने वाली निगाह संचिता के दिल को तार-तार कर गई। उसका दिल धक-धक कर रहा था। बरसों पहले कॉलेज में दोनों साथ पढ़ा करते थे, तब दोनों ने साथ रहकर जीने-मरने की कसमें खाई थीं, परंतु तकदीर को कुछ और ही मंजूर था। उसका विवाह संजय से हुआ, तो वह बहुत रोई थी, परंतु अब संजय उसे प्यार करने लगा था। उसका हरदम बहुत खयाल रखता था। विवाह के कुछ महीनों बाद तक तो वह पिछले सपनों में खोई रही थी, फिर सब कुछ भूलकर नई दुनिया में अपने पति के साथ खो गई थी।

आज उसकी एक निगाह ने उसे घायल कर दिया था। वह न जाने क्यों आज भी आशीष की ओर खिंची जा रही थी। फिर आशीष ने मौका पाकर उससे

बात कर ही डाली और अपने दिल का हाल कह डाला। अब संचिता का मन बहुत परेशान था। वापस अपनी ससुराल आने के बाद भी वह महीनों तक आशीष को नहीं भुला सकी थी।

दूसरी तरफ ऋतु की कहानी इससे बिलकुल अलग थी। ऋतु विवाह से पूर्व एक कंपनी में नौकरी करती थी और कंपनी के ही एक अधिकारी देवांग से प्यार करती थी। उसका प्रेम आगे बढ़ भी नहीं पाया था कि उसके घर वालों को पता लग गया। उन्होंने झटपट ऋतु के लिए अच्छा लड़का ढूंढ़ कर उसकी शादी कर दी। ऋतु ने भी माता-पिता की इच्छा जान कर सब कुछ भुला देने में ही भलाई समझी।

हाल ही में ऋतु अपने पति रमन के साथ बाजार में घूम रही थी, तभी उसकी देवांग से मुलाकात हो गई। ऋतु ने अपने पति का परिचय देवांग से इस प्रकार कराया, 'देवांग यह तुम्हारे जीजा जी हैं, और रमन यह देवांग है, जो मेरे दफ्तर में मेरे साथ काम करता था।'

इसके पश्चात् देवांग ने काफी कोशिश की कि ऋतु से कुछ बात करे, परंतु ऋतु ने उसे बात करने का मौका ही नहीं दिया। उसका रुख देखकर देवांग की

कुछ हिम्मत नहीं हुई और वह अपने रास्ते चला गया। बात वहीं खत्म हो गई।

दरअसल हर व्यक्ति का निजी जीवन एक दूसरे से भिन्न होता है। युवावस्था में अनेक लड़कियां स्कूल-कॉलेज में एक दूसरे से दोस्ती करते हैं, कुछ लोगों का एक दूसरे से प्यार हो जाता है। कुछ लोगों का अपने अन्य किसी सहकर्मी से प्यार हो जाता है। परंतु यह जीवन का वास्तविक सत्य है कि हर किसी को अपने सपनों की मंजिल नहीं मिलती। कुछ प्रेमी विवाह के बंधन में बंध कर एक हो जाते हैं, तो कुछ अपना अलग घर बसा कर अपनी नई दुनिया का निर्माण करते हैं। ऐसे में अनेक वर्षों के पश्चात् प्रेमी से मिलना रोमांचित भी कर सकता है और डर भी पैदा कर सकता है। हमारे सामाजिक ढांचे में किसी भी लड़के का पूर्व प्रेमिका से मिलना इतना खतरनाक नहीं हो सकता, जितना लड़की का प्रेमी से मिलना हो सकता है। अतः लड़कियों को जान-बूझकर या अचानक विवाह पूर्व पुरुष-मित्र या प्रेमी से मिलते वक्त अत्यंत सावधानी बरतनी चाहिए, वरना उनके घर टूटने का अंदेशा रहता है। किन्हीं परिस्थितियों में ऐसा भी संभव है कि उनकी मित्रता पुनः आरंभ हो जाए, ऐसी स्थिति में एक साथ दो घर टूटने का खतरा उत्पन्न हो जाता है। जैसा कि मानसी और अमोल के मामले में हुआ।

अमोल और मानसी एक दूसरे के अच्छे मित्र थे। परंतु वे एक दूसरे के लिए मित्र के स्थान पर प्रेमी-प्रेमिका कब बन गए थे, इसका अहसास उन्हें स्वयं भी तभी हुआ था, जब वे एक दूसरे से अलग होकर अपना-अपना घर बसा चुके थे। दोनों वर्षों तक एक दूसरे को भुला नहीं सके थे। विवाह के आठ वर्ष पश्चात् जब उनकी किसी पार्टी में मुलाकात हुई, तो दोनों ने अपने पति व अपनी पत्नी को एक दूसरे से मिलवाया। मानसी के पति ने अमोल की मित्रता को अत्यंत सहज भाव से लिया और धीरे-धीरे उसका उनके घर आना शुरू हो गया। मानसी और अमोल की मित्रता बढ़ने लगी, तो मानसी के पति ने उसे समझाया। इधर अमोल की पत्नी उसके देर से आने पर झगड़ा करने लगी। पति-पत्नी दोनों में हरदम कलह व झगड़ा रहने लगा और उधर मानसी के घर में भी तनाव रहने लगा। इस चक्कर में दो घरों की सुख-शांति भंग हो गई और आखिरकार दोनों घर टूटकर बिखर गए। मानसी अपने पति व बच्चों को छोड़कर स्वयं भी अमोल के साथ सुख से नहीं रह सकी। एक तरफ अपने बच्चों का खयाल, दूसरी तरफ उसकी बदनामी ने उसे कहीं का न छोड़ा।

इस प्रकार मानसी का घर तो तबाह हुआ ही, अमोल का भी हंसता-खेलता परिवार इस प्रेम की आग में राख हो गया। इतना ही कहा जा सकता है कि प्रेमी

प्रेमिका का अन्यत्र विवाह हो जाने पर विवाह पूर्व के प्रेम को सदा-सदा के लिए दफना देना ही बेहतर है। यदि अचानक पूर्व प्रेमी से मुलाकात हो जाए, तो हो सके तो बच कर निकल जाएं या बेरुखी से पेश आएं, अन्यथा अपना घर और जिंदगी तबाह हो सकती है।

एक अन्य महत्त्वपूर्ण बात यह है कि विवाह पूर्व प्रेमी से जान-बूझकर मिलने की गलती तो स्त्री को कभी भी नहीं करनी चाहिए, चाहे उसे स्वयं पर पति पर कितना ही विश्वास क्यों न हो। कभी-कभी तो गलत निगाह न होने पर भी आप गलतफहमी की शिकार हो सकती हैं। चाहे वह पति की निगाह में हो या प्रेमी की निगाह में।

प्रेमी यह सोच सकता है कि आप उससे पुनः मित्रता बढ़ाने की इच्छुक हैं। पति को यह गलतफहमी हो सकती है कि आप पूर्व प्रेमी से किसी गलत वजह से मिलने जा रही हैं। अतः अपने घर की सुख-शांति बनाए रखने के लिए आवश्यक है कि आप अपने विवाह-पूर्व प्रेमी से किसी प्रकार का कोई संबंध न रखें।

कहा जाता है कि व्यक्ति अपना पहला प्यार नहीं भूलता। दिल के किसी न किसी कोने में उसके लिए अनजान जगह बनी रहती है। समय के साथ उन यादों पर एक मिट्टी की पर्त जम चुकी होती है। परंतु जब कभी अचानक प्रेमी से मुलाकात हो जाती है, तो एक हवा के झोंके से वह मिट्टी की पर्त उड़ कर यादें सामने आ जाती हैं और दिल के तार झनझना उठते हैं। जो चिनगारी अब तक यूं लगता था कि बुझ चुकी है, कुछ-कुछ सुलगने लगती है और फिर भड़कने को तैयार हो जाती है। प्रेमी-प्रेमिका ही नहीं, यदि पति-पत्नी भी किसी कारण वश एक दूसरे से अलग रहने लगे हों और वे अचानक कहीं टकरा जाएं, तो उनमें भी कुछ देर के लिए प्रेम की भावना जागृत हो जाती है। शायद यही कारण है कि तलाक लेने के पूर्व पति-पत्नी को छः माह के लिए अलग-अलग रहना अनिवार्य है।

यह पति-पत्नी के संबंधों पर निर्भर करता है कि पुराने प्रेमी के मिलने पर प्रेम की चिनगारी भड़कती है या सामान्य मित्र की भांति मुलाकात कर सदैव के लिए बुझ जाती है। यदि आप अपने पति के साथ संतुष्ट व बिना किसी तनाव के खुश जीवन व्यतीत कर रही हैं, तो पुराने प्रेमी के मिलने पर उसे सामान्य मित्र की भांति मिलिए और भूल जाइए। उससे जान-बूझकर फिर से मिलने की न तो कोशिश कीजिए और न ही उसके इकरार को स्वीकृति प्रदान कीजिए। यह एक सामान्य व सही बात है कि जब किसी भी पुरुष या स्त्री को पुराना मित्र मिलता है, तो स्वाभाविक रूप से बेहद खुशी होती है, परंतु मिल जाने के पश्चात् बार-बार

मिलने की उत्कंठा नहीं बनी रहती। अतः यदि आप अपने परिवार में खुश हैं, तो अपने मित्र के मिलने पर सामान्य खुशी प्रकट करना ही काफी है।

यदि आप अपने पति के साथ तनावपूर्ण व असंतुष्ट जीवन व्यतीत कर रही हैं, तो हो सकता है कि आप अपने प्रेमी के मिलने पर उसके प्रति गहरा आकर्षण महसूस करें या आपको यूं महसूस हो कि आपके सूने मरुस्थल जैसे जीवन में बाहर आ गई है। लेकिन आपके लिए जीवन की सच्चाई से मुंह न मोड़ना ही बेहतर है। भावनाओं में न बहकर आपको समझदारी से काम लेना चाहिए। आपका जीवन अब अपने पति के साथ जुड़ चुका है और यदि बच्चे भी हैं, तो वे आपके और आप उनके भविष्य के साथ जुड़ी हैं, अतः बेहतर यही है कि आप अपने पति के साथ बेहतर संबंध बनाने का प्रयास करें।

यदि आप प्रेमी के मिल जाने से भीतर-ही-भीतर खिंचाव महसूस कर रही हैं, तो आपको चाहिए कि पति के साथ अधिक समय बिताएं, ताकि आपका ध्यान ना भटके। आपको अकेलेपन से भी बचना चाहिए, इससे एक तो आप भावनात्मक रूप से सुरक्षित रहेंगी, दूसरे पुराने मित्र के अचानक घर आ जाने का खतरा नहीं रहेगा। यदि आपने जरा-सी भी छूट दी, तो प्रेमी जब-तब आपके घर धमक सकता है। आपके सिर पर पति के या किसी के देख लेने का खतरा बना रहेगा और आप मानसिक रूप से तनावग्रस्त रहने लगेंगी। प्रेमी के आने से पुनः संबंध बनने की संभावना तो है ही, हो सकता है कि वह भीतर-ही-भीतर आपके पारिवारिक जीवन से कुढ़ कर उसे बिगाड़ने की मंशा से या आपको ब्लैक मेल करने की इच्छा से आपके पास बार-बार आने लगे या फोन करने लगे। ऐसे में आपका जीवन दूभर हो जाएगा और आपके सुखी वैवाहिक जीवन पर भी खौफ व डर के बादल छाए रहेंगे। इससे इन संबंधों से बचे रहना ही आपके लिए अच्छा है।

प्रेमी और पति की तुलना न ही करें तो बेहतर है। कई बार आप प्रेमी से मिलने पर जब उससे बातें करने को बेताब हो उठती हैं, तो उतावला मन अनायास ही पति और प्रेमी की तुलना करने लगता है, जब कि यह सर्वथा गलत है। प्रेमी का साथ तो चंद घंटों या वर्षों का होता है और उस स्थिति में आप एक दूसरे की सिर्फ अच्छाइयां ही देख पाते हैं। स्वयं को भी सर्वश्रेष्ठ प्रस्तुत करते हैं, जब कि विवाह के पश्चात् पति का चौबीसों घंटे का साथ होने के कारण कभी प्यार, कभी तकरार, तो कभी मनमुटाव होता ही रहता है। फिर प्रेमी के साथ आप किन्हीं सामाजिक जिम्मेदारी से बंधे नहीं होते, जब कि पति के साथ सामाजिक जिम्मेदारी निभाने में छोटी-मोटी बहस या तकरार तो हो ही सकती है। आप ही सोचिए कि

यदि किसी प्रेमी-प्रेमिका की शादी हो जाती है, तो क्या वर्षों बाद भी उनके पहले जैसे मधुर संबंध रह पाते हैं। कम ही उदाहरण देखने को मिलेंगे, जहां प्रेमी-प्रेमिका की शादी के पश्चात् पहले जैसा प्यार बना रहता हो या मन मुटाव न होता हो। प्रेमी के पति बनते ही उस पर जिम्मेदारियां आ जाती हैं और स्वाभाविक रूप से उसके व्यवहार में बदलाव आ जाता है।

हर स्त्री को विवाह के पश्चात् अपनी जिम्मेदारियों को निभाते हुए अपने पति को ही प्रेमी के रूप में देखना चाहिए। ऐसे में उनमें सदैव प्यार बना रहेगा, और पुराने प्रेमी के मिल जाने पर उस ओर खिंचाव महसूस नहीं होगा। अपने परिवार की वर्तमान परिस्थितियों का ध्यान रखकर अपने पति व बच्चों की ओर ध्यान देने से ही आपका दांपत्य जीवन सुखी रह सकता है। यह सच्चाई खूब अच्छी तरह समझ लें।

विवाहेतर संबंधों में सुख की तलाश कितनी उचित

सेक्स ईश्वर द्वारा प्रदान की गई एक ऐसी ऊर्जा का नाम है, जिसमें मानव ही नहीं, हर प्राणी रोमांचित हो उठता है। इसके बिना किसी भी जीवन की कल्पना नहीं की जा सकती। विश्व के रचयिता ने सेक्स की भावनाओं द्वारा विश्व को रचने व निर्माण की प्रक्रिया को सरल बना दिया है। इससे मात्र शरीर ही नहीं, मन और मस्तिष्क भी उत्तेजित हो उठते हैं और प्राणी एक अद्भुत सुखद अनुभूति का अनुभव करता है।

कहा जाता है कि जिस प्राणी अथवा मानव के मन में सेक्स की भावना उत्पन्न नहीं होती, वह जीवन में नीरस व निरुत्साहित रहता है। वह प्राणी मृगतृष्णा की भांति भटकता रह जाता है।

सेक्स की भावना व उसकी पूर्ति प्राणी में आत्मिक संतोष भरकर उसे ऊर्जा प्रदान करती है। कुछ दशक पहले तक प्रायः सेक्स का अधिकार पुरुषों की इच्छा तक ही सीमित था। स्त्रियां न तो अपनी इच्छा व्यक्ति करती थीं, न ही सेक्स में विशेष रुचि या भागीदारी प्रकट करती थीं। यदि उनकी सेक्स की इच्छा हो, तो उसे दबा लेती थीं, लेकिन बदलते समय ने महिलाओं की सोच में क्रांतिकारी बदलाव ला दिया है। स्त्रियां भी जीवन में सेक्स की पूर्ति आवश्यक मानने लगी हैं। वे अपनी इच्छाओं को दबाती नहीं, उन्हें प्रकट करती हैं। वे अन्य आवश्यकताओं की भांति सेक्स को अपरिहार्य आवश्यकता मानने लगी हैं। यह ठीक है कि आज स्त्री-पुरुष संबंधों में बहुत अधिक खुलापन आ गया है। घर से बाहर निकलते ही स्त्री को लोगों के बीच अपने अस्तित्व को स्थापित करना पड़ता है। यहां हमें इस संबंध में विचार करना है।

अविवाहित और सेक्स संबंध

आज अति आधुनिक स्त्रियां सेक्स की अभिव्यक्ति के प्रति इतनी सचेत हो गई हैं कि वे विवाह पूर्व भी संबंध बनाने में कोई हिचकिचाहट महसूस नहीं करतीं। ऐसी आधुनिक युवतियों का मानना है कि यदि पुरुष विवाह पूर्व संबंध स्थापित कर यौन सुख प्राप्त कर सकते हैं, तो वे क्यों नहीं कर सकतीं। ऐसी युवतियों का तर्क रहता है कि जिस प्रकार शरीर की अन्य महत्त्वपूर्ण आवश्यकताओं की पूर्ति की जाती है, उसी प्रकार सेक्स की इच्छा पूर्ति भी आवश्यक है।

सेक्स को विवाह पूर्व स्वीकार करने वाली आधुनिक युवतियां यह मानकर चलती हैं कि वे केवल पति की संतुष्टि का साधन मात्र नहीं बन सकतीं। उनकी इच्छा या संतुष्टि भी उतनी ही महत्त्वपूर्ण है, जितनी पुरुष की। इस प्रकार की मान्यताओं में विश्वास करने वाली महिलाओं की संख्या बहुत कम है और प्रायः केवल महानगरों तक ही सीमित है। यद्यपि भारतीय समाज में इसे किसी भी प्रकार न तो ठहराया जा सकता है, न ही तर्क संगत। सामान्य व मध्यम वर्ग के पारिवारिक वातावरण वाले समाज में इस कथित आधुनिक सोच को कभी मान्यता नहीं दी जा सकती।

हमारे समाज में यूं तो स्त्री या पुरुष कोई भी हो, उसे अपने पति अथवा पत्नी के साथ ही शारीरिक संबंध बनाने की ही मान्यता दी गई है। विवाह पूर्व संबंधों की तो हमारे बुजुर्ग कल्पना तक नहीं कर सकते। ऐसे विवाह पूर्व संबंध प्रायः अपने घर से दूर रहकर पढ़ने या काम करने वाले लड़के-लड़कियां बनाते हैं अथवा होस्टल में रहने वाले छात्र, जिन पर परिवार वालों का अंकुश नहीं रहता। कुछ अति आधुनिक कहलाने वाले परिवारों में युवा होते लड़के-लड़कियों की जीवन शैली में परिवार वाले दखल-अंदाजी नहीं करते। वे दिन हो या रात, कभी भी घर आएं, लेकिन उन पर रोक-टोक नहीं होती। ऐसे युवक युवतियों के प्रायः एक या अनेक लोगों से सेक्स संबंध स्थापित हो जाते हैं।

कुछ लड़कियों के ये संबंध इच्छा पूर्ति, संतुष्टि या आनंद के लिए होते हैं, तो कुछ लड़कियों के संबंध कमाई का जरिया बन जाते हैं, जिसे वह पाकेट मनी कह कर साज-शृंगार या घूमने-फिरने में खर्च करती हैं।

विवाहेतर संबंध

विवाह के पश्चात् किसी भी स्त्री अथवा पुरुष के किसी अन्य से सेक्स संबंध स्थापित हो जाना कोई नई बात नहीं है। प्राचीन काल में राजाओं को जब कोई लड़की पसंद आ जाती थी, तो राजा उसे पटरानी बनाकर उससे संबंध स्थापित करते थे। जिसे समाज मान्यता देता था, क्योंकि राजा सर्वशक्तिमान था। उसके पश्चात् शौकीन पुरुष कोठों आदि पर जाकर पर स्त्रियों से संबंध स्थापित करते थे, ऐसे में पुरुषों को कोई भी इल्जाम नहीं लगाता था। यह दूसरी बात है कि इस प्रकार के संबंध पूरी तरह गुप्त रखे जाते थे। आज स्थितियां बदल गई हैं। आश्चर्य की बात है कि आज हमारे समाज में विवाहेतर संबंधों की संख्या बढ़ रही है और ये संबंध खुलकर सामने आ रहे हैं। बड़े-बड़े नेताओं व सितारों के उदाहरण सामने हैं, जिनके संबंधों की खूब चर्चा भी होती है। इन संबंधों में विशेष बात यह है कि ये संबंध केवल पुरुषों के ही नहीं होते, महिलाओं के द्वारा भी स्थापित होते हैं।

अवैध संबंधों के मूल कारण

यदि इन वर्जित संबंधों के बारे में गंभीरता पूर्वक विचार किया जाए, तो इनके पीछे अवश्य ही कोई-न-कोई महत्त्वपूर्ण कारण होता है। सबसे प्रथम कारण यह है कि यदि पति-पत्नी के दांपत्य में उनके संबंध तनावपूर्ण अथवा कमजोर हों, तो आसानी से पति अथवा पत्नी के पर-स्त्री या पर-पुरुष से सेक्स संबंध स्थापित

हो जाते हैं। ऐसे संबंधों की शुरुआत तो पारिवारिक कारणों से ही होती है, परंतु पति-पत्नी के बीच लुका-छिपी का खेल जैसी स्थिति बनी रहती है। दोनों में से कोई भी ऐसे संबंधों को स्वीकार नहीं करना चाहता। इस बारे में हम देखेंगे कि—

❏ स्त्रियों के विवाहेतर संबंध स्थापित होने में एक अत्यंत महत्त्वपूर्ण पहलू यह है कि यदि पति बहुत अधिक दिन तक घर या शहर से बाहर रहता है, तो पत्नी को अकेलेपन के कारण साथी या मित्र की तलाश रहती है। यही मित्र या साथी हमदर्दी या सहयोग जताते-जताते स्त्री का दिल भी जीत लेता है और उनके शारीरिक संबंध स्थापित हो जाते हैं।

❏ ठीक इसके विपरीत जो पुरुष कार्य के सिलसिले में कई दिन बाहर रहते हैं, वे भी ऐसे संबंध बनाने से नहीं चूकते। शहर से बाहर अनजान जगह पर न तो पत्नी या परिवार का डर रहता है, न ही किसी परिचित के मिलने का। ऐसे में पुरुष बेखौफ होकर स्त्रियों से मित्रता व सेक्स संबंध स्थापित कर लेते हैं।

❏ पति अथवा पत्नी लंबे समय से बीमार हों, तो उनका ध्यान दूसरी ओर जाने से भी संबंध स्थापित हो जाते हैं। यदि पत्नी अधिक समय तक बीमार हो और अस्पताल में या घर में ही बिस्तर पर हो, तो प्रायः कोई परिचित रिश्तेदार महिला जैसे पत्नी की बहन, भांजी, भतीजी या सहेली की सेवाएं मिलना स्वाभाविक है। ऐसे में पति इनके करीब आ जाता है और प्रायः शारीरिक संबंध भी स्थापित हो जाते हैं।

❏ कई बार पत्नी की सेवा के लिए रखी गई नर्स भी पति की हमदर्द बनकर उसका दिल जीत लेती है और पति के साथ उसके संबंध स्थापित हो जाते हैं। इसी प्रकार यदि पति बीमार हो और अस्पताल में हो, जहां पत्नी को प्रतिदिन आना-जाना पड़ता हो, तो डॉक्टर अथवा पति के मित्र को पत्नी के प्रति हमदर्दी हो जाती है। यदि पत्नी खूबसूरत भी हो तो यह हमदर्दी मित्रता में और फिर मित्रता शारीरिक संबंधों में बदलते देर नहीं लगती। यदि पति की बीमारी लाइलाज हो, तो पति के छोटे या बड़े भाई का साथ-सहयोग भी गलत दिशा में बढ़ सकता है।

❏ आर्थिक तंगी भी विवाहेतर संबंधों में एक महत्त्वपूर्ण भूमिका निभाती है। यदि परिवार की हालत दयनीय है, पति अधिक नहीं कमाता, तो अधिक कमाने वाला कोई भी व्यक्ति चाहे वह पति का मित्र हो या रिश्तेदार, आसानी से पत्नी का दिल जीत लेता है, जो विवाहेतर संबंध बढ़ाने में सहायक होता है।

- दिहाड़ी मजदूरों, गरीब नौकरों, झुग्गी-झोंपड़ी में रहने वाले लोगों के यहां इस प्रकार के विवाहेतर संबंधों की घटनाएं अकसर ही समाचार पत्रों में पढ़ने को मिलती हैं, जिनकी परिणति लड़ाई-झगड़ा, मारपीट, हत्या आदि में होती है। इन स्थितियों में प्रायः गरीब पति अधिक कमाने के चक्कर में सारा दिन बाहर रहता है और पत्नी का अकेलापन कोई पड़ोसी या हमदर्द बांटता है, जिससे विवाहेतर संबंधों की स्थिति बन जाती है।
- यदि पत्नी कम पढ़ी-लिखी हो या कम सुंदर हो, तो कुछ पति अपनी पत्नी का अपमान करते रहते हैं। उनकी नजरों में पत्नी की इज्जत व अहमियत नहीं होती। इस स्थिति में ऐसे पुरुष स्वयं को बहुत काबिल, गुणी अथवा सुंदर समझते हैं और जान-बूझकर हर स्त्री से आसानी से मित्रता बढ़ाने का प्रयास करते हैं। जिस सुंदर या सभ्य स्त्री की ओर से उन्हें बढ़ावा मिलता है या मित्रता की सीमा का अतिक्रमण हो जाता है, तो उनके सेक्स संबंध स्थापित हो जाते हैं।
- इस प्रकार के बेमेल विवाहों में प्रायः होता यह है कि जब उनका विवाह हुआ होता है, जब पति की आर्थिक स्थिति अथवा नौकरी कम अच्छी होती है। परंतु पति की आर्थिक स्थिति में सुधार होने पर पति को अपनी पत्नी में तरह-तरह के दोष नजर आने लगते हैं। पति को पत्नी असुंदर, असभ्य व अशिक्षित लगने लगती है। उसे पत्नी के साथ किसी उत्सव या पार्टी में जाने में शर्म महसूस होने लगती है। पति को अपने परिचितों से अपनी पत्नी का परिचय कराने में अच्छा नहीं लगता है। वह चाहता है कि उसकी प्रगति के साथ नई स्मार्ट पत्नी उसके साथ पार्टियों में जाए। ऐसे पति अकसर पत्नी से छिप कर दूसरा विवाह तक कर लेते हैं। कुछ पति, पत्नी की जानकारी या रजामंदी से दूसरी स्त्री से मित्रता या शादी कर लेते हैं। पत्नी चाहते हुए भी पति का विरोध नहीं कर पाती। अधेड़ उम्र तक पहुंच चुकी ऐसी पत्नी के लिए पति के अलावा कोई सहारा नहीं होता। वह पति के चरणों की दासी बनकर पति की दूसरी पत्नी को स्वीकार कर लेती है और इसे ही अपना भाग्य मानती है।
- यदि पत्नी अथवा पति को अपनी ही उम्र के किसी व्यक्ति से किसी भी सिलसिले में बार-बार मिलने का अवसर आता है, तो वे एक दूसरे की ओर आकर्षित हो जाते हैं। किसी पर-पुरुष या पर-स्त्री से बार-बार

मिलने के कारण हुआ आकर्षण भी समय के बीतने के साथ बढ़ता जाता है और उनके बीच शारीरिक संबंध कायम हो जाते हैं।

- मध्यम वर्गीय परिवारों में प्रायः स्त्रियां विवाह के पश्चात् अपने डील-डौल सुंदरता व स्वास्थ्य की ओर ठीक प्रकार ध्यान नहीं देती और वे बेडौल होकर मोटी हो जाती हैं। कुछ पति अपनी पत्नी को सदैव चुस्त, स्मार्ट और आकर्षक देखना चाहते हैं। ऐसे पति आसानी से दूसरी स्त्रियों से संबंध स्थापित कर लेते हैं।

- जो स्त्रियां विवाह के कुछ वर्ष के पश्चात् ही अपने बच्चों व घर-परिवार में रम जाती हैं और पति की स्थिति या शारीरिक संबंधों की ओर ध्यान नहीं देतीं, वे स्त्रियां आसानी से अपना पति खो देती हैं। पति सदैव अपनी पत्नी से ध्यान व प्यार की अपेक्षा करता है। वह घर में पत्नी से संतुष्टि न मिलने पर अन्य स्त्रियों की ओर आकर्षित होने लगता है, जिससे उनके विवाहेतर संबंध होने की संभावना बढ़ जाती है।

- धनाढ्य वर्ग में स्त्रियां अपनी गतिविधियां क्लब, किसी पार्टियों या सामाजिक कार्यों में लगा देती हैं, जिससे उनका ध्यान पति की ओर कम रहता है। इस स्थिति में भी पुरुष पराई स्त्रियों की ओर आकर्षित होकर विवाहेतर संबंध बना लेता है।

- पति की अत्यधिक व्यस्तता पत्नियों को पर-पुरुष की ओर धकेल सकती है। जिन स्त्रियों के पति सुबह जाकर फिर देर रात तक लौटते हैं, वे स्त्रियां खाली समय बिताने के साधन ढूंढ़ती हैं। कुछ सहेलियां बनाती हैं, जिससे उनके घर का आना-जाना रहता है। खूब शापिंग करती हैं, जिससे उन्हें बाजार आना-जाना पड़ता है। ऐसे में अनेक पुरुषों के संपर्क में आ जाती हैं, जिनकी ओर आकर्षित होकर वे अपनी शारीरिक भूख भी मिटाती हैं और मित्रता बढ़ाकर समय काटने का तरीका भी निकालती हैं।

- जो पति अपनी पत्नी को बिलकुल समय नहीं देते, कार्य दिवसों के अतिरिक्त छुट्टी के दिनों में भी कमाने की धुन में कार्य में व्यस्त रहते हैं, उनकी पत्नियां स्वयं को अत्यन्त अकेला महसूस करती हैं। इसके विपरीत कुछ पुरुष भी अत्यधिक व्यस्तता का बहाना बनाकर दफ्तर या होटलों में गुलछर्रे उड़ाते हैं और पर-स्त्रियों से संबंध कायम रखते हैं। ऐसी पत्नी के अकेलेपन में यदि कोई पुरुष अच्छी तरह दो मीठी बातें

कर लेता है, तो पत्नी आसानी से उस पुरुष की ओर आकर्षित हो जाती है।

❏ अत्यधिक व्यस्त पति भी यदि चाहे तो अपनी पत्नी को स्वयं की ओर सदैव आकर्षित रख सकता है। यदि वह वापस आने पर और थका होने पर भी पत्नी से बात करने के लिए समय निकालता है अथवा उसकी भावनाओं की कद्र करता है तथा उसकी बातें भी ध्यानपूर्वक सुनता है।

❏ व्यस्त पति को कमाने में इतना व्यस्त कदापि नहीं हो जाना चाहिए कि पत्नी की किसी प्रकार ध्यान ही न रख सके। छुट्टी के दिन कुछ घंटे पत्नी के साथ अवश्य बिताने चाहिए। कोई भी पत्नी केवल पैसा नहीं चाहती, वह पति का प्यार व ध्यान भी चाहती है। अत्यधिक व्यस्त तथा घर से घंटों बाहर रहने वाले पतियों की पत्नियों के संबंध नौकर, ड्राइवर तथा अपने अधीन कर्मचारियों तक से बनते देखे गए हैं।

❏ ऐसे स्त्री-पुरुषों के दांपत्य संबंध कमजोर हो जाते हैं, जिनके पति अथवा पत्नी शारीरिक संबंधों में विश्वास न करती हो अथवा ऐसे संबंधों में रुचि न दिखाती हो अथवा सेक्स संबंधों के वक्त ठंडापन दिखाती हो अथवा किसी वजह से स्त्री अथवा पुरुष संबंध बनाने में अक्षम हों।

❏ यदि पति-पत्नी एक दूसरे की शारीरिक तथा मानसिक जरूरतों को पूरा नहीं कर पाते अथवा नजरअंदाज करते रहते हैं, इससे उनकी शारीरिक भूख और बढ़ जाती है, वे इसे पूरा करने के रास्ते तलाशने लगते हैं और किसी दूसरे के प्रति आकर्षित होने लगते हैं। ऐसे पति अथवा पत्नी अपनी संतुष्टि के लिए तथा शारीरिक भूख मिटाने के लिए दूसरी स्त्री या पुरुष से शारीरिक संबंध स्थापित कर लेते हैं।

❏ कुछ अति महत्त्वाकांक्षी स्त्रियां पदोन्नति के लिए अपने सहयोगी अथवा बॉस से संबंध बना लेती हैं। हालांकि ऐसी महत्त्वाकांक्षा, उन्हें ऐसे दलदल में फंसा लेती है, जहां से बाहर निकलना उनके लिए मुश्किल ही नहीं, असंभव-सा होता है। उनका पारिवारिक जीवन नष्ट हो जाता है। अनेक मंत्रियों के ऐसे समाचार अखबारों में पढ़ने को मिलते हैं, जहां उनके सेक्रेटरी या निम्न अधिकारी से संबंध बन गए होते हैं। अधिकारियों की अपेक्षा ऐसी स्त्रियों को चरित्रहीनता की बहुत अधिक कीमत चुकानी पड़ती है। उनका जीवन बर्बाद हो जाता है।

❏ कुछ पुरुष जीवन की एक-रसता में यकीन नहीं करते। उन्हें विवाह के

बाद केवल पत्नी से संबंध उबाऊ प्रतीत होने लगते हैं और वे विविधता या नयापन पाने के लिए किन्हीं अन्य स्त्रियों से संबंध स्थापित कर लेते हैं।

❏ कुछ अति आधुनिक स्त्रियां अपने पति से बराबरी का दावा करती हैं। यदि उनका पति घंटों बाहर रहता है या अनेक सहेलियां बनाता है, तो वे भी बराबरी का दावा कर ऐसे संबंध बढ़ाने में यकीन करती हैं। ऐसी स्त्रियां क्लबों या पार्टियों में सहेलियों के आगे डींग मार कर ऐसे संबंधों का बयान भी करती रहती हैं। ऐसी 'मार्डन' कहलाने वाली स्त्रियां कई पुरुषों से संबंध को 'स्टेटस सिम्बल' मानती हैं।

❏ कुछ महिलाएं जिनके पति खूब डांट-डपट या झगड़ा करते हैं, जिसके घर में क्लेश का वातावरण रहता है, उससे उपजी खीझ को शांत करने के लिए पर-पुरुष का सहारा ढूंढ़ने लगती है, जिससे वे उनकी ओर आकर्षित होकर संबंध स्थापित कर बैठती हैं।

❏ कुछ स्त्रियां जिनमें उच्च स्तरीय जीवन जीने की चाह अत्यधिक हो, लेकिन उनका पति वह सब दिला पाने में सक्षम न हो, तो धनवान पुरुषों की ओर वे आसानी से आकर्षित हो जाती हैं। ऐसे पुरुषों से महंगी चीजें उपहार में पाकर स्वयं को गौरवान्वित महसूस करती हैं और जल्दी ही उनके मोहपाश में बंधकर स्वयं को उनके आगे समर्पित कर देती हैं। ऐसी स्त्रियां प्रायः धनवान पुरुषों की तलाश में रहती हैं।

❏ पति-पत्नी की आयु में यदि बहुत अधिक अंतर हो, तो विवाह के 10-12 वर्ष पश्चात् ही प्रायः पति स्वयं को थका-थका व बूढ़ा महसूस करने लगता है और पत्नी स्वयं को जवान व आकर्षक महसूस करती है। ऐसे पति प्रायः पत्नी को संतुष्ट करने में असफल रहते हैं और पत्नी पराए पुरुष की ओर आकृष्ट होने लगती है, जो उसका हमउम्र हो या उससे छोटा हो, यही आकर्षण शारीरिक संबंध का कारण बनता है।

अंत में यही कहा जा सकता है कि ऐसे विवाहेतर संबंध परिवार की सुख शांति नष्ट कर देते हैं और पारिवारिक कलह को जन्म देते हैं। इन संबंधों से किसी को भी निश्चित तौर पर सुखी नहीं बनाया जा सकता। ऐसे संबंध परिवार व दांपत्य में ऐसी दरार ला देते हैं, जो धीरे-धीरे बढ़ती ही जाती है और एक दिन पति-पत्नी को अलग कर देती है।

कहा जाता है कोई भी स्त्री अपने पति की हर कमी बरदाश्त कर सकती है, परंतु पति के पर-स्त्री से संबंध कभी बरदाश्त नहीं कर सकती। इसी प्रकार पुरुष

स्वयं चाहे कितने भी संबंध बनाने का शौकीन हो, परंतु पत्नी के किसी अन्य पुरुष से संबंधों को हरगिज बरदाश्त नहीं कर सकता। यह संबंध तो एक प्रकार से दीमक की तरह है, जो संबंधों की दीवारों को खोखला कर उन्हें आसानी से गिरा देती है।

पति-पत्नी का अनुशासित दांपत्य ही उन्हें सुख प्रदान कर सकता है। हमारा समाज किसी भी प्रकार के विवाहेतर संबंध को मान्यता नहीं दे सकता। वैसे भी ये संबंध किसी प्रकार के सुखों की गारंटी नहीं हो सकती।

ऐसे स्त्री या पुरुष का कभी यकीन नहीं किया जा सकता, जो पर-पुरुष या पर-स्त्री से संबंध बढ़ाते हैं। जो व्यक्ति अपनी पत्नी या पति को धोखा देकर किसी दूसरी स्त्री-पुरुष से संबंध स्थापित कर सकता है, उसकी क्या गारंटी है कि वह इस नए संबंध वाले स्त्री या पुरुष को धोखा नहीं देगा। यह तो एक प्रकार का मायावी जाल है, जिसमें फंसकर मनुष्य कहीं का नहीं रहता, उसे समाज में बदनामी के सिवा कुछ नहीं मिलता।

मनोवैज्ञानिकों का कहना है कि विवाहेतर संबंध बनाने में पहल प्रायः पुरुष ही करता है, वही दांपत्य तोड़ने का साहस अधिक कर पाता है। परंतु इस बात से इनकार नहीं किया जा सकता कि जब तक विवाहित पुरुष को किसी स्त्री की स्वीकृति की प्रतिक्रिया नहीं मिलती, तब तक वह ऐसे संबंध स्थापित नहीं कर सकता।

ऐसे संबंधों से कभी किसी का भला न तो हुआ है और न ही होगा। पति-पत्नी को मात्र आवश्यकताओं के आधार पर नहीं, वरन भावनाओं व संवेदनाओं के आधार पर संबंधों को दृढ़ बनाने का प्रयास करना चाहिए, जिससे वे आदर्श पति-पत्नी बन कर सुखी वैवाहिक जीवन व्यतीत कर सकें।

सुखी पारिवारिक दांपत्य से बढ़कर दुनिया में कोई दूसरा सुख नहीं है। किसी भी स्त्री या पुरुष से मित्रता करने में कोई बुराई नहीं है, परंतु वह मित्रता मर्यादा के दायरे में ही होनी चाहिए।

अन्त में....

हम आशा करते हैं कि प्रस्तुत पुस्तक में आपकी सम्पूर्ण जिज्ञासाओं का समाधान हो गया होगा। इस संबंध में विस्तार से जानकारी प्राप्त करने के लिए आप हमारे यहाँ से प्रकाशित कोई दूसरी पुस्तक लेकर अपने ज्ञान में वृद्धि कर सकते हैं।

आत्म-विकास/व्यक्तित्व विकास

 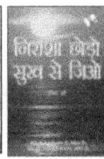  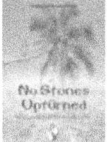    

Also Available in Hindi   Also Available in Hindi   Also Available in Kannada, Tamil

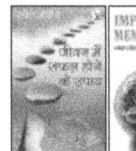       

Also Available in Kannada

Also Available in Kannada

हमारी सभी पुस्तकें www.vspublishers.com पर उपलब्ध हैं

धर्म एवं आध्यात्मिकताज्योतिष/हस्तरेखा/वास्तु/सम्मोहन शास्त्र

कैरियर एण्ड बिजनेस मैनेजमेंट

Also Available in Hindi, Kannada

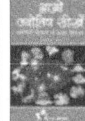

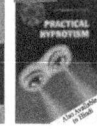

Also Available in Hindi, Kannada

Also Available in Kannada

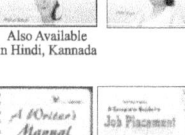

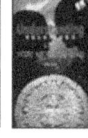

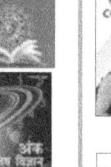

हमारी सभी पुस्तकें www.vspublishers.com पर उपलब्ध हैं

क्विज़ बुक

इंग्लिश इम्प्रूव

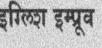

एक्टिविटीज़ बुक

उद्धरण/सूक्तियाँ

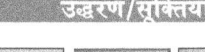

आत्मकथा

   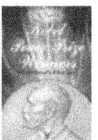 

आई ई एल टी एस टेक सीरीज़

चिल्ड्रंस साइंस लाइब्रेरी

कम्प्यूटर्स बुक

हमारी सभी पुस्तकें www.vspublishers.com पर उपलब्ध हैं

छात्र विकास   लोकप्रिय विज्ञान

Also Available in Hindi

Also Available in Hindi Also Available in Hindi

प्रश्नोत्तरी की पुस्तकें

Also Available in Hindi Also Available in Hindi

ड्राइंग बुक्स

Also Available in Hindi Also Available in Hindi, Tamil & Bangla

चिल्ड्रंस एंसाइक्लोपीडिया

हमारी सभी पुस्तकें www.vspublishers.com पर उपलब्ध हैं

www.ingramcontent.com/pod-product-compliance
Lightning Source LLC
LaVergne TN
LVHW012239191125
826040LV00039B/1060
* 9 7 8 9 3 5 0 5 7 6 7 6 2 *